Eberhard Grünzinger

Geschwister behinderter Kinder

Eberhard Grünzinger

Geschwister behinderter Kinder

Besonderheiten, Risiken und Chancen

Ein Familienratgeber

Fichtenstraße 2, 82061 Neuried
Tel.: 089 / 74 55 51-0, Fax: 089 / 74 55 51-13
E-Mail: verlag@care-line.de
Internet: www.care-line.de

Redaktion: Sibylle Krämer
Satz: Eva Christian

ISBN 3-937252-68-1

Bibliografische Information Der Deutschen Bibliothek
Die Deutsche Bibliothek verzeichnet diese Publikation in der Deutschen Nationalbiografie; detaillierte Daten sind im Internet über http://dnb.ddb.de abrufbar.

Inhalt

„Ich will die Eltern aufrufen, auch auf die gesunden Geschwister zu achten! Sie sind genauso besonders, nur eben anders!“

Katrin G., Schwester einer Autistin

„Alle Kindheiten sind etwas Besonderes.“

Astrid Lindgren

Liebe Kinder und Jugendliche mit behinderten Geschwistern!

Habt ihr euch eigentlich schon mal Gedanken darüber gemacht, wie es anderen Kindern geht, die auch behinderte Geschwister haben? Darüber, was sie erleben, denken und fühlen? Ihr wisst, dass es etwas Besonderes ist, einen behinderten Bruder oder eine behinderte Schwester zu haben. Vieles ist bei euch anders als in anderen Familien – manches ist schwieriger, manches aber auch ganz normal oder bietet ungeahnte Chancen.
In diesem Buch findet ihr viele Berichte von anderen „Geschwisterkindern". Aber auch Texte, die an eure Eltern gerichtet sind, werden sicher interessant für euch sein. Mit dem Begriff „Geschwisterkinder" seid ihr Geschwister von behinderten Schwestern oder Brüdern gemeint. Manche von euch haben sogar zwei behinderte Geschwister. Der Begriff „Geschwisterkinder" hat sich auch schon in einigen anderen Ländern eingebürgert.

Obwohl dieses Buch speziell für euch und eure Eltern geschrieben wurde, müsst ihr es deshalb nicht vor euren behinderten Geschwistern verstecken - im Gegenteil: Dieses Buch ist als Lesebuch für die ganze Familie gedacht. Je mehr sich mit eurer besonderen Situation befassen, umso besser.

Viel Spaß beim Lesen!

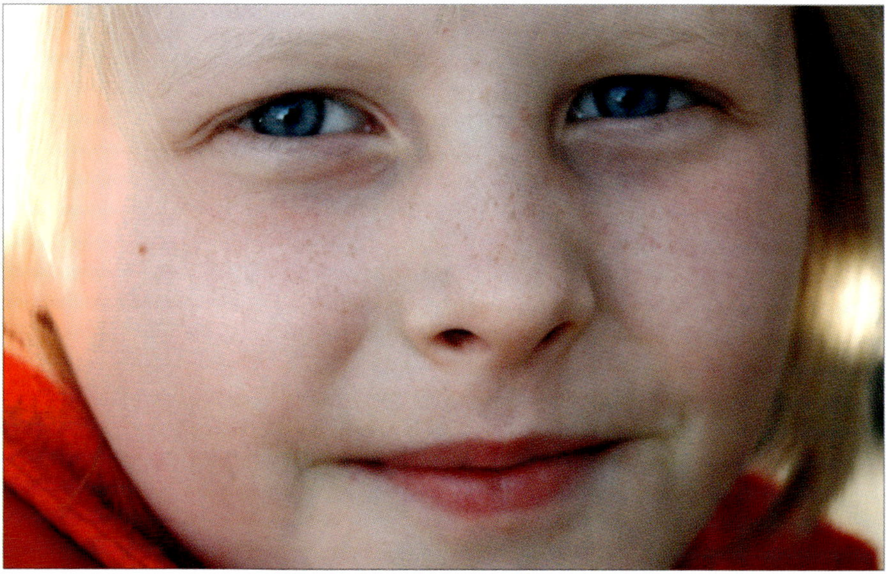

Liebe Eltern behinderter und nichtbehinderter Kinder!

Als Eltern eines behinderten Kindes, dem Sie Ihre ganze Fürsorge schenken, denken Sie vielleicht mit Unbehagen daran, dass Ihre nicht behinderten Kinder eigentlich mehr Aufmerksamkeit bräuchten. Dazu sind Sie aber oft nicht in der Lage. Möglicherweise ist sogar Ihr schlechtes Gewissen gegenüber Ihren nicht behinderten Kindern der Anlass, sich nun mit dem Thema „Geschwister behinderter Kinder“ zu beschäftigen.

Anders als andere Eltern kommen Sie sicherlich häufiger an die Grenzen Ihrer körperlichen und psychischen Leistungsfähigkeit. Als Folge daraus entwickelt sich nicht selten die Furcht, dass die nicht behinderten Kinder bei der elterlichen Zuwendung und Liebe zu kurz kommen. Wie können Sie diese Erwartungen erfüllen, ohne sich dabei völlig zu verausgaben?

Dieser Ratgeber will Sie nicht mit unrealistischen Vorschlägen und Ansprüchen überfordern. Er will Ihnen vielmehr helfen, Ihre familiäre Situation besser einschätzen zu können und das Verständnis für Ihre nicht behinderten Kinder zu fördern.

Einführung

In Deutschland leben etwa 8 Millionen Menschen mit einer Behinderung. Die meisten von ihnen haben Geschwister, so wie andere Menschen auch. Das bedeutet: es gibt ein paar Millionen Geschwister von behinderten Menschen.

Diese hohe Zahl von Geschwistern behinderter Menschen überrascht, wenn man bedenkt, dass viele von ihnen sich noch nie mit anderen Geschwistern aus vergleichbaren Familien getroffen und über ihre spezielle Situation gesprochen haben. Auch sonst werden Geschwister von behinderten Menschen in der Öffentlichkeit wenig wahrgenommen.
Das ist bedauerlich: gerade für sie, die Einschränkungen und Schwierigkeiten kennen, die durch das Aufwachsen mit der behinderten Schwester oder dem behinderten Bruder entstehen, wäre es sehr heilsam, sich mit „ihresgleichen“ auszutauschen.

Auch Prominente haben behinderte Geschwister – in der Regel dringt diese Tatsache aber nicht an die Öffentlichkeit. Cathy Freeman, der Star bei der Olympiade 2000 in Sidney und Siegerin über 400 Meter, hat eine behinderte Schwester. Der Bruder der international bekannten Schauspielerin Neve Campbell („Scream“) leidet am „Tourette Syndrom“. Auch J. F. Kennedy, Rudolf Scharping und Königin Beatrix der Niederlande: Sie alle wuchsen mit behinderten Geschwistern auf.

Warum wissen Geschwister behinderter Menschen so wenig voneinander und warum gibt es so wenig Kontakte untereinander?
Zum einen liegt dies daran, dass Geschwisterkinder mit dem Bekenntnis „Mein Bruder oder meine Schwester ist behindert“ eher zurückhaltend umgehen. Sie haben gelernt, dass die Umwelt nicht immer positiv darauf reagiert. Sie werden deshalb teilweise schon in jungen Jahren in der Schule oder im Freundeskreis ausgegrenzt und stigmatisiert. Zum anderen liegt es daran, dass Geschwisterkinder lieber nicht viel über sich und ihre behinderten Geschwistern reden. Sie wollen möglichst nicht auffallen, wie wir später noch genauer sehen werden.
Die geringe Präsenz von Geschwistern behinderter Menschen in der Öffentlichkeit spiegelt auch ihre Situation in der Familie wider.

Kirsten, 27 Jahre alt, schildert treffend den Zusammenhang zwischen ihrem persönlichen Erleben als Schwester einer Autistin und der gesellschaftlichen Sonderstellung:

„Ich kann nur für mich sprechen, denn bis jetzt habe ich noch nie Kontakt zu irgendeinem anderen Geschwister (behinderter Kinder) gehabt. Ich habe als Kind eigentlich keine Benachteiligung gespürt. Ich wusste aber definitiv, dass wir ‚anders' waren. Und das war es, was die Sache so schwer machte. Oft versuchten meine Eltern mir zu verkaufen, dass ich eben anders sei, weil ich ein besonderes Geschwister habe, aber das stimmt nicht.
Besonders kann ein Mensch nur dann sein, wenn das Normale nicht stattfindet. Meine Schwester ist schon als Autistin zur Welt gekommen. Also war dieser Zustand der Normalzustand. Folglich konnte diese Situation auch nichts Besonderes sein. Trotzdem waren wir ‚anders'.
Für mein kindliches Denken damals war das alles reichlich kompliziert, zumal unsere Umwelt uns ausgegrenzt hat, sobald wir nicht mehr unter anderen ‚Autisten-Familien' waren".

Geschwister behinderter Kinder und deren Eltern sollen sich nicht voreinander in der Familie und außerhalb in der Gesellschaft verstecken müssen, sondern frei über ihre Schwierigkeiten, Nöte, Hoffnungen und Wünsche sprechen können. Dabei soll dieser Ratgeber helfen.

Neues aus der Geschwisterforschung

Geschwisterbindungen reichen in die ersten Tage der Kindheit zurück und bestehen oft bis ins hohe Alter. Sie sind die dauerhaftesten aller Bindungen. Eltern sterben, Freunde verschwinden, Ehen lösen sich auf. Aber Geschwister können sich nicht scheiden lassen. Und selbst, wenn sie 20 Jahre nicht mehr miteinander sprechen, bilden Blutsverwandtschaft und gemeinsame Geschichte ein unauflösliches Band.[1]
Dieser Hintergrund verdeutlicht die äußerst große Bedeutung der Geschwister für die jeweilige persönliche Entwicklung. Umso mehr, wenn durch die Behinderung eines der Kinder besonders enge Bande bestehen.
Bevor wir jedoch das Verhältnis zwischen behinderten und nicht behinderten Geschwistern genauer betrachten, ziehen wir einige neue Ergebnisse aus der Geschwisterforschung allgemein zu Rate. Damit lassen sich spezielle Informationen über Geschwisterkinder besser einordnen und verstehen.

Bis vor kurzem ging man überwiegend davon aus, dass die jeweilige Position eines Kindes in der Geburtenreihenfolge einen großen Einfluss auf seine charakterliche Entwicklung ausübt.

---

[1] Francine Klagsbrun, „Der Geschwisterkomplex", 1993

Neuere Untersuchungen widersprechen allerdings dieser These. Ob ein Kind also als Zweit- oder Drittgeborenes auf die Welt kommt, spielt eine viel geringere Rolle als bisher angenommen. Einflussreicher scheinen andere Faktoren zu sein, wie beispielsweise genetisch bedingte, also angeborene Charaktermerkmale der Kinder, oder der Erziehungsstil der Eltern.
Die Forschungsergebnisse zeigen uns nach wie vor, dass Unterschiede zwischen Erstgeborenen und „Nachfolgern" bestehen. Auch die zuletzt Geborenen, die so genannten „Nesthäkchen", haben häufig charakteristische Funktionen innerhalb der Familie. Die Reihenfolge der dazwischen Geborenen spielt offenbar aber keine so große Rolle, wie bisher vermutet wurde.

Viel bedeutender für die Persönlichkeitsentwicklung der Kinder ist die Beziehung der Geschwister untereinander bzw. zueinander.
Bisher dachten viele Pädagogen und Psychologen, Geschwister seien „unbedeutende Akteure auf der Bühne der menschlichen Entwicklung". Das Verständnis über Geschwister war überwiegend von der Vorstellung geprägt, dass die Kinder einer Familie nebeneinander aufwachsen ohne nennenswerten Einfluss aufeinander auszuüben.

Wir wissen nun, dass die gegenseitige Erziehung durch die Geschwister (und durch den gleichaltrigen Freundeskreis) mit zunehmendem Alter steigt. Neue Theorien betrachten die Familie als ein System, in dem alle Familienmitglieder sehr stark voneinander abhängig sind. Diese „systemischen Theorien", wie man sie auch nennt, erklären in viel treffenderer Weise die einzelnen Beziehungen innerhalb der Familie.
Aus der Perspektive der Systemtheorien wird der Geschwisterbeziehung heute viel mehr Bedeutung beigemessen.

Woher kommt der Begriff „Geschwisterkinder“?

Das althochdeutsche Wort „giswestar“, ist ein Sammelbegriff für Schwestern („swestar“) und bezeichnete damit früher die Gesamtheit der Schwestern einer Familie. Im Laufe der Zeit erfuhr der Begriff eine Bedeutungserweiterung: Auch Brüder waren jetzt damit gemeint.

Der hier verwendete Begriff der „Geschwisterkinder“ für alle Kinder mit behinderten Schwestern oder Brüdern ist eigentlich nicht korrekt, da unter „Geschwisterkinder“ normalerweise die Kinder eines Bruders oder einer Schwester verstanden werden, also Neffen und Nichten.

Trotzdem wird in diesem Buch der Begriff „Geschwisterkind“ im Sinne eines „Kindes mit behindertem Geschwister“ benutzt, da sich diese Verwendung seit vielen Jahren sowohl in der Fachliteratur als auch in vielen Institutionen immer mehr durchgesetzt hat. Diese Entwicklung ist zu weit fortgeschritten, als dass man die Begriffsänderung noch korrigieren könnte.
Deshalb: Mit „Geschwisterkinder“ sind hier „Geschwister behinderter Kinder“ gemeint.

Auch im englischsprachigen Raum ist die Bedeutungsänderung des Begriffs „Geschwisterkind“ deutlich vorangeschritten. Dort ist von „sibkids“ (engl.: „sibling“ = Geschwister + „kids“ = Kinder) die Rede, wenn von Geschwistern behinderter Kinder gesprochen wird.

Geschwister behinderter Kinder haben eine aufregende Kindheit – im Guten wie im Schlechten

Viele Geschwisterkinder müssen in ihrem persönlichen Umfeld leider immer noch verletzende Erfahrungen machen, wenn sie gemeinsam mit ihren behinderten Geschwistern in der Öffentlichkeit auftreten. Etliche Kinder berichten beispielsweise, dass sie in Restaurants nicht willkommen waren, da der Anblick der behinderten Kinder den anderen Gästen nicht zuzumuten sei.

Ute, 36 Jahre alt, schildert ihre Erfahrungen so:
„Erwachsene spuckten uns an, verhöhnten uns oder wurden aggressiv gegenüber meinem Bruder, der eine Contergan-Schädigung hat, und mir. Sie veranlassten, dass wir Lokale verlassen mussten. Manchmal wollte man ihm wegen seiner Behinderung Geld geben. Kinder zeigten mit Fingern auf uns."

Andere Kinder berichten von Hänseleien, vor allem in ihrer Schulklasse, wenn bekannt wurde, dass sie ein behindertes Geschwister haben. „Geschwisterkinder" erleben häufig Einschränkungen, vor allem, wenn sie sich mit „normalen" Familien vergleichen.

Wichtig:
Nicht alle Geschwister behinderter Kinder machen nur negative Erfahrungen. Es gibt auch viele positive Reaktionen, z. B. von Mitschülern, die Partei für sie ergreifen, oder von Gastwirten, die Gäste des Lokals „verweisen", die zuvor den Rauswurf der Familie mit dem behinderten Kind forderten. Viele Kinder empfinden auch keine Benachteiligung seitens der Eltern oder erleben ihre besondere Situation als wenig belastend.

Aber leider „sammeln" doch etliche Kinder im Laufe ihres Lebens einige unschöne Erfahrungen, die sie verletzen und ausgrenzen.

Verena, 11 Jahre alt, berichtet:
„Es ist eine Einschränkung, eine behinderte Schwester zu haben. Alle lachen, machen Witze und spotten über mich. Meine Mutter hat keine Zeit für mich, ich kann mit niemandem darüber reden".

In den Fachbereichen Psychologie und Pädagogik wird nun untersucht, ob für die Persönlichkeitsentwicklung von Geschwisterkindern besondere Risiken bestehen. Die Vermutung liegt nahe, dass Geschwister behinderter Kinder wesentlich weni-

ger Zeit und Aufmerksamkeit der Eltern erhalten, da diese in der Fürsorge und Pflege des behinderten Kindes aufgehen. Daraus könnten sich Entwicklungsschwierigkeiten ergeben.
Zwei Fragen sind in diesem Zusammenhang interessant:

- Wie könnte man dieses Risiko gegebenenfalls verringern?
- Welche Möglichkeiten der Persönlichkeitsbildung liegen in der besonderen Geschwisterkonstellation? Haben Geschwister behinderter Kinder besonders gute Voraussetzungen, sozial kompetent zu werden und eine starke Persönlichkeit auszubilden?

Bisherige Studien brachten noch keine allgemeingültigen Antworten. Einige Auswertungen ergaben Entwicklungsgefährdungen. Andere Forschungsergebnisse dagegen lassen vermuten, dass es in Familien mit behinderten Kindern durchaus günstige Einflüsse für die Persönlichkeitsentwicklung der Geschwisterkinder gibt. Fest steht bereits, dass es vielen Kindern mit behinderten Geschwistern gelingt, eine überdurchschnittliche soziale Kompetenz zu entwickeln. Leider ist dies nicht in allen Familien oder erst nach vielen Hilfestellungen möglich.

Inwieweit sich die Behinderung eines Kindes positiv auf die Geschwister auswirkt, hängt unter anderem von der Schwere der Behinderung, der Anzahl der Kinder und der elterlichen Einstellung zur Behinderung ab. So berichten einige Geschwisterkinder, ohne Benachteiligung aufgewachsen zu sein, andere hingegen fühlten sich durch die Behinderung ihrer Geschwister sehr stark beeinträchtigt. Etliche Geschwisterkinder wie auch Erwachsene mit behinderten Geschwistern suchen psychotherapeutische Hilfe, um mit den Folgen dieser Belastung besser zurechtzukommen.

Warum aber konnten wissenschaftliche Untersuchungen bisher keine eindeutigen Ergebnisse zur konkreten Belastung von Geschwisterkindern liefern? Das liegt vor allem daran, dass bei jeder neuen Studie andere Aspekte untersucht wurden. So wurden in der Vergangenheit Fragen zu Defiziten und Risiken gestellt, z. B. „Sind Geschwister behinderter Kinder in ihrer Entwicklung gefährdet?“ oder „Welche besonderen Risiken gibt es für Geschwister behinderter Kinder?“
Diese so genannte „Risikoforschung“ wird zunehmend durch eine Forschung abgelöst, die sich an den persönlichen Ressourcen orientiert. Sie untersucht, welche Stärken und Entwicklungspotenziale im gemeinsamen Aufwachsen von Kindern und deren behinderten Geschwistern liegen können.

Tipps für Geschwisterkinder

Möglicherweise habt ihr bereits Bücher oder Geschichten in Zeitschriften zum Thema „Geschwisterkinder“ gelesen. Leider kamen darin immer wieder irrige Behauptungen vor. Manchmal wurde beispielsweise geschrieben, dass Geschwister behinderter Kinder das ganze Leben lang Probleme haben könnten, weil sie ständig auf ihre behinderten Geschwister aufpassen müssten. Oder sie hätten Schuldgefühle, weil sie in vielem besser sind als ihre behinderten Geschwister.

Geschwister behinderter Kinder sind sehr hilfsbereit. Aber manchmal brauchen sie selbst Unterstützung.

Glücklicherweise stimmt das so nicht, das haben viele Untersuchungen gezeigt. Lasst euch also nicht verunsichern.

Ihr wisst es sicher selbst: Das Leben mit einem behinderten Bruder oder einer Schwester kann manchmal sehr anstrengend sein, aber grundsätzlich „gefährdend“ ist es nicht! Ihr seid nicht „mitbehindert“. Aber ihr seid von der Behinderung euerer Geschwister natürlich auch betroffen.

Manchmal braucht ihr deshalb vielleicht mehr Zuwendung oder Hilfe. Vor allem dann, wenn ihr das Gefühl habt, es wird euch alles zu viel, oder ihr selbst werdet nicht mehr von den Eltern wahrgenommen.

Es ist erwiesen, dass Geschwister behinderter Kinder im Laufe ihres Lebens mit ihrer Situation gut zurecht kommen. Sie entwickeln besondere persönliche und soziale Fähigkeiten, die man vor allem im Zusammenleben mit behinderten Geschwistern erwirbt. Sie können gut mit anderen Menschen umgehen und haben gerade auch behinderten Menschen gegenüber mehr Einfühlungsvermögen als Kinder ohne behinderte Geschwister.

Aber – wie gesagt – manchmal braucht man auch etwas Zuspruch und Hilfe von verschiedenen Seiten, um Situationen besser verstehen zu können oder um zu sehen, wie andere Geschwisterkinder das machen.

Deshalb sind in diesem Buch viele Aussagen von Geschwisterkindern zusammengetragen, die euch sicherlich besonders interessieren und in denen ihr euch vielleicht wiedererkennt.

„Kinder mit behinderten Geschwistern sind häufig anders als Kinder ohne behinderte Geschwister – verantwortungsvoller und anderen Altersgenossen in vielerlei Hinsicht voraus“.
Lisa, 19 Jahre

Die besondere Beziehung zwischen behinderten und nicht behinderten Geschwistern

Prof. Dr. Heinrich Tröster, Psychologe an der Universität Bielefeld, hat viele Studien über Geschwisterkinder ausgewertet. Dabei erkannte er zwischen behinderten und nicht behinderten Geschwistern eine Dominanz der nicht behinderten Kinder, da sie vielerlei Aufgaben, Hilfestellungen und Verantwortungen übernehmen. Außerdem stellte er fest, dass deren Kontakt „im Allgemeinen nicht eingeschränkt ist und die Geschwisterbeziehung von den nicht behinderten Kindern und den Eltern überwiegend positiv bewertet wird".

Es spricht einiges dafür, dass die Geschwister behinderter Kinder, stärker als andere Geschwister versuchen, auf ihre Schwester oder ihren Bruder einzugehen.
Im Spielverhalten zeigt sich, dass die nicht behinderten Geschwister bemüht sind, Unterschiede im Spielniveau zu überbrücken und so die Voraussetzungen für ein gemeinsames Spiel mit ihrem behinderten Geschwister schaffen.

Grundsätzlich haben behinderte und nicht behinderte Geschwister zueinander eine ähnliche Beziehung wie Kinder ohne behinderte Geschwister, jedoch mit stärkerer „Streuung". Streuung bedeutet, dass mehr sehr positive und mehr sehr negative Beziehungen auftreten. Es gibt außerdem keine Anhaltspunkte, die die Annahme einer allgemeinen Gefährdung von Kindern mit behinderten oder chronisch kranken Geschwistern rechtfertigt. Trotzdem muss davon ausgegangen werden, dass es einige spezielle und ungünstige Konstellationen für Geschwisterkinder gibt, die für ihre Entwicklung schädlich werden könnten.

Fazit:
Aus der Sicht der Erziehungswissenschaft lässt sich kein allgemein erhöhtes Risiko für Entwicklungsstörungen bei Geschwistern behinderter Kinder erkennen.
Trotzdem kann es Überforderungssituationen geben, die unbedingt erkannt und entschärft werden sollten, um individuelle Entwicklungsgefährdungen der Geschwister zu vermeiden.

Die Besonderheiten zwischen behinderten und nicht behinderten Geschwistern sollen nun im Einzelnen unter bestimmten Aspekten vorgestellt werden.

Diskriminierung in der Öffentlichkeit

Geschwisterkinder erleben tagtäglich die Einschränkungen, die sich durch eine Behinderung ergeben, sowohl für sie selbst als auch für die Familie insgesamt. Die nicht behinderten Kinder bewerten die Behinderung an sich häufig als „normal“ und können diese auch akzeptieren. Einschränkungen und Ausgrenzungen erleben sie deshalb meist nur außerhalb der Familie, also in der Schule, im Urlaub, beim Einkaufen, ganz allgemein gesagt, im Kontakt mit der „Gesellschaft“. Diskriminierung ist demnach kein familiäres Problem, sondern ein gesellschaftlicher Missstand.

Tipps für Eltern

Unterstützen Sie Ihre Kinder darin, zu ihren behinderten Geschwistern in der Öffentlichkeit zu stehen. Geben Sie ihnen ein gutes Vorbild, indem Sie mit Ihrem behinderten Kind selbstbewusst auftreten. Dieser Rat klingt für Sie vielleicht etwas „altmodisch“, aber es gibt noch viele Familien, die sich möglichst wenig in die Öffentlichkeit begeben oder bevorzugt Gemeinschaften aufsuchen, wo man sie kennt und akzeptiert.

Die Art der Behinderung und der Behinderungsgrad

Bei der Art einer Behinderung gibt es naturgemäß zahlreiche Unterschiede: Dies wirkt sich nicht nur unterschiedlich auf die Familie aus, sondern betrifft auch besonders die Geschwisterkinder.

Der größte Unterschied besteht zwischen degenerativen (= abbauend) Erkrankungen bzw. Behinderungen und solchen, die eine relativ stabile Entwicklung oder sogar eine Verbesserung des Gesundheitszustandes erwarten lassen.

Info Behinderung

Der Begriff „Behinderung“ wird in Deutschland unter anderem im „Sozialgesetzbuch 9 (= Schwerbehindertengesetz)“ definiert. Eine Behinderung ist demnach eine „Einschränkung oder Schädigung von Körper, Geist oder Seele, die länger als sechs Monate andauert und die von dem für das Lebensalter typischen Zustand abweicht und daher die Teilhabe am Leben in der Gesellschaft beeinträchtigt“.
Das Ausmaß der „Funktionsbeeinträchtigung“ wird von Ärzten begutachtet. Dabei wird festgestellt, ob jemand „behindert“ oder gar „schwer behindert“ ist.

Ist jemand für kürzere Zeit gesundheitlich beeinträchtigt, so spricht man von „Krankheit.“ Eine Krankheit bezeichnet man als „chronische Krankheit“, wenn sie länger als etwa 3 Monate dauert (griech.: Chronos = Zeit). Besteht die Erkrankung länger als ein halbes Jahr, kann schließlich auch hier eine Behinderung festgestellt werden, wenn die Funktionseinschränkungen entsprechend ausgeprägt sind.

Wenn man Geschwister behinderter Kinder fragt: „Ist es für euch einfacher, mit einer geistigen oder mit einer körperlichen Behinderung zurechtzukommen?“ erhält man unterschiedliche Antworten.
Manche Kinder meinen, geistige Behinderungen bringen weniger Einschränkungen im Familienalltag mit sich. Geistig behinderte Geschwister können in der Regel am Familienleben und den gemeinsamen Aktivitäten teilnehmen. Familien mit körperbehinderten Kindern treffen vielfach auf bauliche Barrieren, die sie von vielem ausschließen. Dafür schätzen die Geschwisterkinder die Tatsache, dass sie sich mit ihren körperbehinderten Geschwistern meist uneingeschränkt unterhalten können. Zudem erkennen die Kinder, dass körperbehinderte Geschwister, wenn sie später einen guten Platz zum Wohnen und Arbeiten gefunden haben, viel selbstständiger ihre eigenen Angelegenheiten bestimmen können. Dies kann die gegenseitige Abhängigkeit von behinderten und nicht behinderten Geschwistern verringern.
Im Gegensatz dazu brauchen Geschwister mit geistiger Behinderung auch im Erwachsenenalter meistens Unterstützung und Fürsorge. Einige Geschwister werden für ihre geistig behinderten Geschwister zum Betreuer im juristischen Sinn. Das ist ein deutlich sichtbares Zeichen für eine unter Umständen lebenslange Verantwortlichkeit der nicht behinderten Geschwister.

Häufig haben Kinder die Vorstellung, sie müssten ihre behinderten Geschwister später bei sich wohnen lassen. Vor allem, wenn Mutter und Vater dies mehr oder weniger offen erwarten, verinnerlichen die Geschwister diesen elterlichen Wunsch. Damit schränken sie aber ihre eigene, freie Entwicklung und Lebensplanung ein.
Vor allem die älteren Schwestern von schwer behinderten Kindern geraten besonders leicht in eine Ersatz-Mutterrolle, die schnell zu einer Überforderung führen kann.

Tipps für Geschwisterkinder

Sicher machst auch du dir Gedanken, wie deine behinderte Schwester oder dein behinderter Bruder in Zukunft leben soll. Das geht wohl allen Kindern mit behinderten Geschwistern so.
Möglicherweise überlegst du, ob dein Bruder in einem Heim leben soll, oder aber du möchtest, dass deine Schwester bei dir lebt, wenn du älter bist.
Denk aber bitte auch daran, dass du nicht allein für das Wohlergehen deiner Schwester oder deines Bruders verantwortlich bist. Zunächst sind deine Eltern dafür zuständig. Dann gibt es auch noch eine Menge Einrichtungen, Vereine, Selbsthilfeorganisationen und Behörden, die sich um die Unterstützung deines Bruders oder deiner Schwester kümmern.
Es wäre gut, wenn du zunächst für dich allein überlegst, was du gerne in deiner Zukunft machen möchtest. Ob sich deine Vorstellungen mit dem Lebenslauf deiner Schwester oder deines Bruders vereinbaren lassen, ist erstmal nicht so wichtig. Das kann später viel besser geklärt werden, wenn du soweit bist, selbstständig zu wohnen oder wenn du eine Ausbildung beginnst. Denke darüber nach, was du persönlich machen willst, ohne deine Zukunftspläne von deinen Geschwistern abhängig zu machen. Du hast ein Recht auf ein eigenes Leben, so wie deine behinderte Schwester oder Bruder auch.
Stell dir also einmal vor, wie es wäre, wenn dein Bruder oder deine Schwester nicht behindert wäre? Was würde das für deine Zukunft bedeuten? Würde das etwas ändern? Überlege dann, ob du diese Pläne nicht auch umsetzen kannst, obwohl dein Geschwister behindert ist. Wenn nicht, solltest du mal mit deinen Eltern über deine Zukunftswünsche reden, beispielsweise über den Beruf, den du erlernen möchtest, oder darüber, wie du einmal wohnen möchtest. Das sind nur kleine Beispiele.
Sicher hast du eigene Wünsche und Pläne …

Geschwister wollen für ihre behinderten Geschwister sorgen. Das muss aber nicht dazu führen, dass die eigene Lebensplanung komplett danach ausgerichtet wird.

Geschwister geistig behinderter Kinder haben oft Schwierigkeiten mit der „Unsichtbarkeit" der Behinderung, z.B. bei einer seelischen Störung.
Anders als etwa beim Down-Syndrom, das in der Regel sofort zu erkennen ist und dessen Ursachen mittlerweile gut bekannt sind, lassen sich viele äußerlich nicht erkennbaren geistigen Behinderungen nicht erklären. Fachleute nennen sie „geistige Behinderung mit unklarer Genese" (Genese = Herkunft).

Kinder mit schwerst-mehrfach behinderten Geschwistern fühlen sich bei Pflege, Hilfestellung und Unterstützung der Eltern oft viel mehr in die Pflicht genommen als Geschwister leicht geistig behinderter Kinder.

Psychische Erkrankungen bei Kindern, wie beispielsweise Depressionen, Neurosen oder Psychosen, sind für die Geschwister besonders schwer einzuordnen. Deshalb erfordern diese Störungen von den Eltern eine besondere Aufmerksamkeit und verstärkte Begleitung ihrer nicht behinderten Kinder.
Im Gegensatz zu einer körperlichen Behinderung kann man die psychische Behinderung (im Schwerbehindertengesetz heißt sie „seelische Behinderung"), wie die meisten geistigen Behinderungen, nicht sehen. Die Familie ist zudem mit einer Behinderungsform konfrontiert, die im Verlauf häufig unberechenbar ist.

Das macht es den nicht behinderten Geschwistern sehr schwer, sich von dieser Behinderung abzugrenzen. Bei einer deutlich sichtbaren Körperbehinderung (auch bei sichtbaren geistigen Behinderungen) lässt sich die Ursache in der Regel gut erklären: Der Bruder oder die Schwester hatten einen Unfall oder erlitten eine spastische Lähmung durch Sauerstoffmangel bei der Geburt. Oder sie leiden wie beim Down-Syndrom unter einem genetischen Defekt. Für Geschwisterkinder ist es beruhigend, die Ursachen der Behinderung zu kennen. Sie können dann davon ausgehen, dass diese Form der Behinderung sie selbst wahrscheinlich nicht trifft.

Bei einer psychischen Erkrankung verhält es sich anders. Die Störungen psychisch behinderter Geschwister sind meist auf keine erkennbare Ursache zurückzuführen. Der Bruder oder die Schwester verstehen nicht, warum die Geschwister behindert sind. Aus diesem Grund befürchten sie häufig, sie selbst könnten die gleichen Störungen *ebenfalls* bekommen. Die Abgrenzung „Mein Bruder ist behindert; ich weiß warum, und ich weiß, dass mir das wahrscheinlich nicht passieren wird!" kann bei psychischen Störungen viel schwieriger sein als bei anderen Behinderungen. Geschwister psychisch behinderter Kinder entwickeln dementsprechend auch stärkere Schuldgefühle, da sie die Ursache der Behinderung nicht kennen. Sie

„Ich muss immer erklären, warum mein geistig behinderter Zwillingsbruder Daniel so anders ist als ich. Wir sehen uns sehr ähnlich, und viele können erst nicht verstehen, dass wir so unterschiedlich sind.“
Dominik, 12 Jahre

geben sich eher eine mögliche Mitschuld an dieser Störung, als Geschwister von Kindern mit anderen Behinderungsarten. Die Kinder folgen dabei keiner objektiven Logik, sondern ihren Vermutungen, die sehr irrational sein können.

Während bei geistig- oder körperbehinderten Kindern die Geschwister relativ einfach Hilfe leisten können, ist dies bei einer psychischen Behinderung schwierig oder gar unmöglich. Eine psychische Behinderung wird mit Medikamenten und Psychotherapien behandelt. Die Geschwister haben dabei wenig oder keinen Einfluss auf den Therapie-Prozess; ihre Hilfeleistungen sind zwangsläufig eingeschränkt. Viele Geschwister leiden unter der ohnmächtigen Zuschauerrolle.

Tipps für Eltern

- Sprechen Sie mit Ihren nicht behinderten Kindern auf jeden Fall über die psychische Behinderung. Machen Sie sich dafür vorher genau über die Art der Behinderung kundig. Vermitteln Sie Ihren Kindern, dass es völlig normal ist, keine greifbaren Ursachen bei psychischen Störungen erkennen zu können. Das ist ein sehr wichtiger Punkt! Sie ermöglichen damit den Kindern eine Einschätzung der Situation.
- Ganz wichtig: Verschaffen Sie sich einen Eindruck über die psychische Befindlichkeit Ihrer *nicht behinderten* Kinder. Versuchen Sie herauszufinden, ob und wie sehr die Geschwisterkinder unter der psychischen Störung des behinderten Kindes leiden. Haben sie Schuldgefühle? Sind sie sehr in Sorge? Haben die Kinder Angst vor den behinderten Geschwistern? Diese Informationen werden Sie vielleicht nicht ohne weiteres von Ihren Kindern erhalten. Bedingung dafür ist die Gesprächsbereitschaft Ihrer Kinder – versuchen Sie, diesen Zeitpunkt zu erkennen.
- Beruhigen Sie Ihre Kinder: Sie sind nicht in Gefahr, auch psychisch krank zu werden. Von der psychischen Krankheit sind die behinderten Kinder betroffen, nicht die Geschwister. Denken Sie daran, dass sich Kinder unter einer psychischen Behinderung noch viel weniger vorstellen können als Erwachsene.
- Erklären Sie den Geschwistern psychisch behinderter Kinder auch, dass sie nicht oder nur wenig helfen können. Psychische Behinderungen können von Geschwistern im Kindesalter nicht mit behandelt werden. Informieren Sie Ihre nicht behinderten Kinder über den Behandlungsverlauf.

In verschiedenen Untersuchungen wurde deutlich, dass gerade die Geschwister von schwerst-mehrfach behinderten Kindern eine besondere Belastung erleben.

So berichten viele Geschwister mehrfach behinderter Kinder, dass ihre Eltern aus verständlichen Gründen nicht genügend Zeit für sie haben.
Das gilt aber nicht in jedem Fall. Es gibt Familien, die mit den Auswirkungen einer leichteren Behinderungsform sehr zu kämpfen haben. Andere Familien bewältigen die Situation mit schwer behinderten Kindern sehr gut. Für die Geschwisterkinder ist die Einstellung der Eltern zur Behinderung eine maßgebliche Größe, wie damit umgegangen werden kann. Die Eltern haben in diesem Punkt eine Vorbildfunktion für die Kinder, die nicht unterschätzt werden sollte.

Sejla, 23 Jahre alt, schildert ihre Erfahrungen:
„Es war schon so, dass meine Eltern nicht mehr viel Zeit für mich hatten, durch die Belastungen, die die Behinderung meiner Schwester mit sich brachte.
Man kann vielleicht behaupten, dass ich vernachlässigt wurde, aber das wäre zu negativ. Dadurch bin ich halt sehr früh selbstständig geworden. Es ist nun mal so, dass behinderte Kinder mehr Aufmerksamkeit brauchen als „gesunde" Geschwisterkinder, und diese verstehen das auch. Man muss ihnen das nur erklären. Kinder sind nicht dumm, deshalb sollte man sie auch nicht so behandeln. Meine Empfehlung für Eltern lautet deshalb: Redet mit euren Kindern, erklärt es ihnen, sie werden es verstehen. Wenn man das dem nicht behinderten Kind nicht erläutert, dann können schnell Hassgefühle gegenüber dem behinderten Geschwisterchen entstehen, weil es angeblich bevorzugt behandelt wird."

Der Alters- und Entwicklungsunterschied

Sind die nicht behinderten Kinder noch recht jung, finden sie es manchmal von Vorteil, wenn ihre behinderten Geschwister älter sind. Durch den Altersabstand ist ein natürliches Leistungsgefälle gegeben. Die Behinderung wird durch den Altersvorsprung in gewisser Weise wieder wettgemacht. In der Folge ist es aber oft schwer für die jüngeren Kinder, wenn sie die Älteren in ihren Fähigkeiten irgendwann „überholen". Manchmal trauen sich die jüngeren Kinder dann nicht, stolz auf ihre eigenen, im „Normaltempo" erreichten Erfolge und Entwicklungsschritte zu sein und verbergen zum Beispiel gute Noten oder sportliche Erfolge vor den behinderten Geschwistern.

Andere Geschwisterkinder sehen Vorteile darin, wenn die behinderten Geschwister jünger sind als sie selbst. Verantwortung und Hilfestellung zu leisten ist dann „natürlicher", da es durchaus üblich ist, dass ältere Kinder sich um die jüngeren Kinder kümmern. So ist ihnen ihre Rolle als helfendes und sorgendes Geschwisterkind vertraut und erscheint ihnen „normal".

„Meine geistig behinderte Schwester kann mit unserer Katze Mimmi sogar Schubkarren fahren. Das erlaubt Mimmi sonst niemandem!"
Helene, 8 Jahre

In Familien ohne behinderte Kinder kann ein jüngeres Kind normalerweise den Entwicklungsrückstand zu einem älteren Kind durch eigene Entwicklungsleistung verringern. Der Einfluss der älteren Kinder nimmt dementsprechend ab. Bei Geschwistern mit einem behinderten Kind verläuft dieser Prozess fast umgekehrt. Das nicht behinderte Kind entwickelt sich im Normaltempo, während beim behinderten Kind die Entwicklung verlangsamt ist oder stagniert.
Der Entwicklungsunterschied zwischen den Kindern wird also häufig größer, egal, ob das nicht behinderte Kind älter oder jünger ist als das behinderte Kind. Vor allem bei Behinderungsformen mit degenerativem Verlauf ist dies für alle Familienmitglieder schmerzlich spürbar (z. B. bei Muskeldystophie Duchenne). Das nicht behinderte Kind nimmt dann automatisch die dominante Führungsrolle ein statt üblicherweise das ältere Kind.

Die „Andersartigkeit"

Geschwisterkinder erleben häufig ihre Familiensituation als nicht „normal". Im Urlaub, im Restaurant, beim Einkaufen spürt die gesamte Familie immer wieder ihre „Andersartigkeit", weil Passanten gaffen oder sie viele Orte nicht aufsuchen können, weil diese nicht behindertengerecht sind. Die Familie muss sich auch stets mit Mitleid oder – im Gegenzug – mit Rücksichtslosigkeiten ihrer Umwelt auseinander setzen.

Alle Umstände, die die Normalität der Familie nach innen und außen herstellen, sind daher eine große Stütze für die Geschwisterkinder.

Karin, 32 Jahre:
„... und ich wäre doch so gern einfach mal normal gewesen; simpler, unauffälliger Durchschnitt. Entweder hatten Kinder Interesse an mir, weil sie auf mir rumhacken konnten, weil ich anders war, oder sie hatten kein Interesse an mir, weil ich anders war und sie mich deshalb nicht verstanden. Ich habe mit meinen Eltern aber nie darüber geredet."

Eingeschränkte Rivalität

Rivalenkämpfe unter Geschwistern, die sich um gesellschaftlich hochgeschätzte Werte, wie zum Beispiel körperliche und geistige Leistungen, körperliche Attraktivität, Ansehen und Erfolg drehen, sind, je nach Art der Behinderung, eingeschränkt. Diese Einschränkung beruht auf den mehr oder weniger offen von den Eltern formulierten Erwartungen von Rücksichtnahme und Vernunft. Deshalb verzichtet das Geschwisterkind auf seine Bedürfnisse und unterdrückt die aufkommenden Aggressionen gegenüber dem behinderten Geschwisterkind.[2] Manchmal verkehren sich die unterdrückten Aggressionen in ihr Gegenteil, indem sich die Kinder mit ihren behinderten Geschwistern „überidentifizieren". Eine „Verherrlichung" des behinderten Bruders oder Schwester mit seiner Behinderung kann dann Hassgefühle überdecken.

Die Rivalität der Geschwister um die elterliche Gunst und um gegenseitige Abgrenzung und Nähe zwischen den Geschwistern ist am stärksten, wenn die Kinder das gleiche Geschlecht haben und der Altersabstand nicht unter zwei und nicht über vier Jahre beträgt.
Nicht behinderte Kinder erkennen instinktiv, dass sie mit ihren behinderten Geschwistern nicht uneingeschränkt rivalisieren dürfen, um sie zu schützen. Eltern reagieren häufig besonders streng, wenn die nicht behinderten Kinder dieses ungeschriebene Gesetz verletzen, denn sie erwarten Rücksichtnahme und Hilfsbereitschaft.

Tipps für Eltern

Es ist nicht notwendig, die behinderten Kinder übermäßig vor Rivalität mit den nicht behinderten Kindern zu schützen. Die behinderten und nicht behinderten Kinder lernen sich auf diese Weise besser kennen und grenzen sich voneinander ab. Das sind wünschenswerte Entwicklungsschritte.
Kinder, die nicht miteinander streiten und die immer nachgeben müssen, entwickeln möglicherweise konfliktvermeidende und passive Verhaltensweisen und richten schließlich verdrängte Aggressionen gegen andere oder sich selbst.
Außerdem lernen nicht behinderte Kinder selbst sehr schnell, wann die Rivalität „zu weit geht", und sie beachten diese Grenze in der Regel sehr behutsam.

Idealisierung und Identifikation

Kinder mit behinderten Geschwistern beschreiben ihre Geschwister viel positiver als Kinder, deren Geschwister nicht behindert sind. Es findet eine Art „Idealisierung" der behinderten Geschwister statt, indem sie ihnen zahlreiche positive und kaum negative Eigenschaften zuschreiben. Während die Geschwisterkinder sich selbst sehr kritisch sehen, betrachten sie ihre behinderten Schwestern oder Brüder auf diese überhöhte Weise.
Darin liegt ein deutlicher Unterschied zu Familien ohne behinderte Kinder, in denen die Aufzählung negativer Eigenschaften über die Geschwister leicht überwiegt.

---

[2] Prof. Hartmut Kasten, „Die Lebenssituation von Kindern und Jugendlichen mit behinderten Geschwistern", IFB, 1997

„Meinem behinderten Bruder muss ich viel helfen. Ich habe deshalb häufig nicht Freizeit, wann ich will.
Ohne meinen Bruder würde ich vielleicht auch über Behinderte lästern, aber so weiß ich, dass er ein ganz normaler Mensch ist. Da gibt's nichts zu lästern."
Michael, 13 Jahre

Geschwisterkinder beobachten die Eltern, wie sie sich um das behinderte Kind vermehrt sorgen und es verwöhnen. Aus diesem Grund glauben sie häufig, das behinderte Kind sei deshalb auch automatisch der Liebling der Eltern. Anstatt dagegen aufzubegehren, identifizieren sie sich eher mit der elterlichen Haltung, vermutlich, um auf diese Weise Anerkennung bei den Eltern zu finden.[3]

Die Einsamkeit der „Geschwisterkinder"

Immer noch werden Menschen mit Behinderung diskriminiert und vielfach „als nicht vollwertig" erachtet. Das spüren und erleben auch die nicht behinderten Geschwister.
Es ist manchmal für die Eltern schwer vorstellbar, mit welch kränkenden Erlebnissen und inneren Konflikten Geschwisterkinder deshalb kämpfen müssen. Besonders schwierig ist es für die Kinder, wenn sie nicht den Weg zu ihren Eltern finden, um sich auszusprechen. Das liegt zum einen daran, dass viel von der Aufmerksamkeit der Eltern absorbiert wird, zum anderen liegt es daran, dass die Geschwisterkinder sich zurückziehen, wenn sie das Gefühl haben, ihre Eltern durch die Schilderungen ihrer Nöte noch mehr zu belasten.

Geschwisterkinder plagen sich manchmal mit schweren Vorwürfen, Schuldgefühlen und Versagensängsten und sie müssen schwierige Situationen bewältigen, über die sie nicht zu sprechen wagen. Deshalb versuchen sie ihre Probleme alleine mit sich „auszumachen", was auch gelingen kann. Aber es bleibt das Gefühl zurück, einsam in der Welt zu sein.

Doris, 27 Jahre alt:
„Ich war als Kind sehr still, und manchmal hatte ich das Gefühl, dass meine Eltern mich gar nicht wollten. Sie vermittelten mir das Gefühl, mein Bruder sei ihnen viel wichtiger als ich. Somit begann ich, alles durch meine guten Noten zu kompensieren und ich wollte beruflich erfolgreich werden, was mich auch heute noch stark einholt. Ich denke immer noch, dass ich der Menschheit beweisen muss, dass ich nicht behindert bin. Mit meinen Leistungen bin ich nie zufrieden, egal was es ist.".

Alina, 26 Jahre, erzählt:
„Da ich meinen Eltern nie Sorgen machen wollte, habe ich mich immer bemüht, möglichst nicht aufzufallen, und wenn, dann nur positiv. Die Schule fiel mir

---
[3] Heinrich Tröster, „Die Beziehung zwischen behinderten und nicht behinderten Geschwistern", in „Zeitschrift für Entwicklungspsychologie und pädagogische Psychologie"; Hogrefe-Verlag, 2001

leicht, ich habe mich stets konzentriert und war nicht so für die Späße und Ablenkungen der Klassenkameraden offen. Das hat mir gute Noten gebracht, aber eben auch diese verfluchte Einsamkeit".

Doris, 30 Jahre alt, schildert ebenfalls ihre Einsamkeit:
„Häufig hätte ich Ansprechpartner gebraucht, doch eigentlich wusste niemand so richtig, wie es mir geht. Doch wie gesagt, ich möchte die Situation nicht missen, denn ich weiß, was das wahre Leben ist und bedeutet. Mich haut nicht mehr so viel um!"

Tipps für Eltern

Die Selbstständigkeit und Zurückgezogenheit der Geschwisterkinder ist für Sie als Eltern – aus verständlichen Gründen – eine große Erleichterung. Dennoch sollten Sie ab und zu kontrollieren, ob Sie im Wesentlichen auch die Befindlichkeit Ihrer nicht behinderten Kinder kennen.
Fragen Sie sich: Wenn es Ihrem nicht behinderten Kind nicht gut geht, könnte es sich dann an Sie wenden, oder strahlen Sie die Botschaft aus: „Regle das selbst.", „Lass´ mich in Ruhe, ich hab´ jetzt keine Zeit."?

Häufig sind Geschwisterkinder sehr früh auf sich allein gestellt und deshalb sehr selbstständig.

Am Besten erkundigen Sie sich immer wieder einmal nach dem Befinden, den Interessen, der Schule und Ähnlichem. Sie sollten einen Weg finden, Ihrem Kind Ihre Liebe zu zeigen.
Dafür genügt es beispielsweise schon, dass Sie einen Nachmittag so organisieren, dass Sie mit dem nicht behinderten Kind alleine ein paar vergnügliche Stunden verbringen. Lassen Sie, wenn möglich, das Kind entscheiden, was sie gemeinsam unternehmen.

Christine, 22 Jahre:
„Meine Schwester war lange Zeit und oft im Krankenhaus, meine Mutter war immer dabei. Am Wochenende durften wir die Schwester besuchen. Anschließend gingen wir immer in ein Café, das war das Schönste für mich."

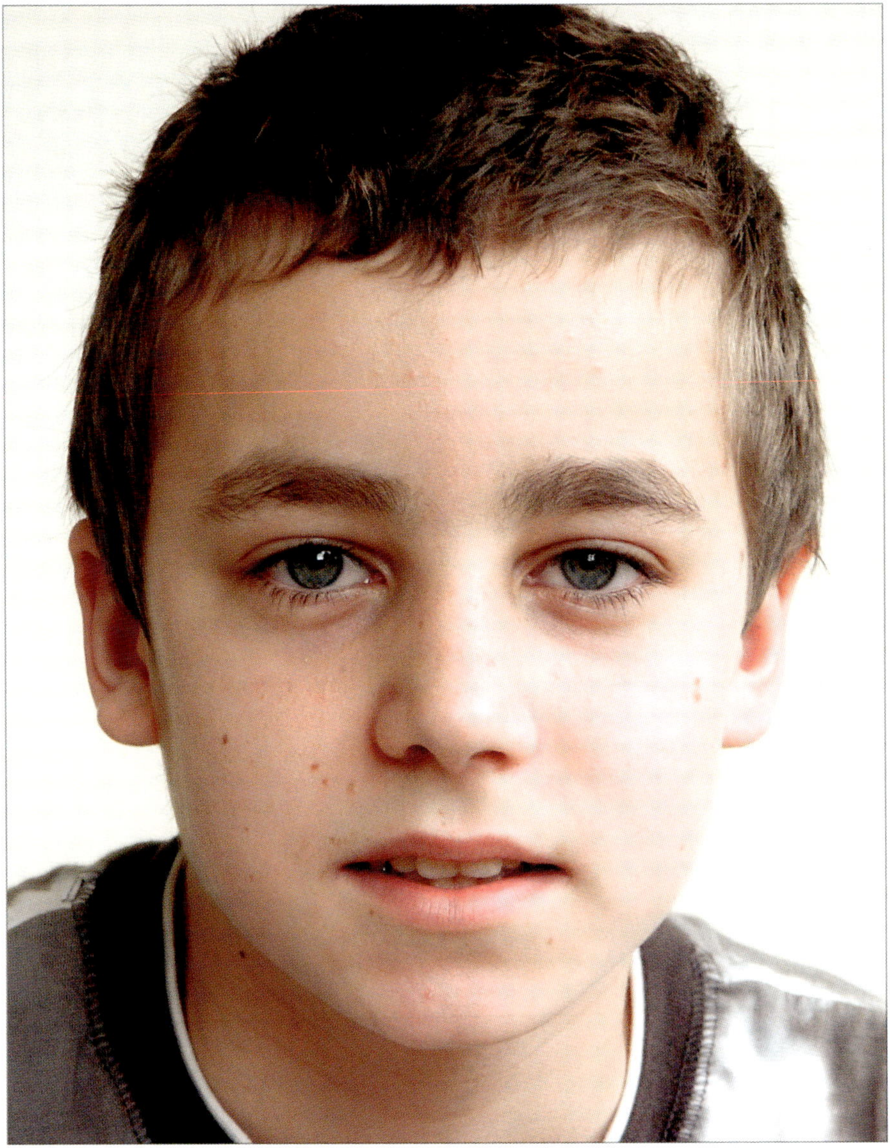

„Durch die Behinderung meines Bruders gibt es einige Einschränkungen. Wir können nicht einfach ins Kino gehen, sondern müssen erst einen Zivi organisieren“.
Martin, 13 Jahre

Auffällige Unauffälligkeit

Es ist erstaunlich, dass die Auswertung mehrerer wissenschaftlicher Untersuchungen über Geschwisterkinder auf den ersten Blick keine spezifischen Verhaltensauffälligkeiten erkennen lässt, obwohl doch etliche Geschwisterkinder in Gesprächen über massive Belastungen klagen und sie ihre Situation deutlich als Sonderrolle in Familie und Gesellschaft erleben.

Bei der Suche nach Auffälligkeiten und Besonderheiten bei Geschwisterkindern wurde außer Acht gelassen, dass sich in ihrem Verhalten im Gegenzug eine Art „Unauffälligkeit“ entwickelte, eine soziale „Über-Angepasstheit“. Man kann beobachten, dass Geschwister behinderter Kinder sich sehr genau an Absprachen halten, übertragene Aufgaben sehr zuverlässig ausführen und insgesamt das Bild vermitteln, problemlos und unauffällig zu sein.

Caroline, 13 Jahre alt und Schwester eines geistig behinderten Bruders formuliert dies so: *„Ich versuche, keine Extra-Schwierigkeiten zu machen“.*

Das sind grundsätzlich sehr angenehme Charaktereigenschaften, und die Geschwisterkinder lernen dadurch sehr früh, Verantwortung zu übernehmen. Es ist dabei aber zu beachten, dass diese Persönlichkeitsmerkmale auch zu einer Überforderung führen können, wenn die Überangepasstheit zu Lasten eigener Wünsche und Gefühle geht.

Mike, 41 Jahre:

„Ob es für mich von Vorteil ist, stets zuverlässig zu sein, kann ich nicht ganz sicher sagen. Es gibt da zwei Seiten: Einerseits ist eine gewisse Zuverlässigkeit nicht von Nachteil. Man erwirbt dadurch ja auch soziales Ansehen. Andererseits habe ich manchmal das Gefühl, deshalb auch in einem „Gefängnis“ zu leben. Ich lebe dadurch schließlich auch sehr „angepasst“ und dies ist einem gesunden Selbstbewusstsein und einem stabilen Selbstbild nicht unbedingt förderlich.

Mal öfter aus der Reihe zu tanzen, auffällig zu werden, Grenzen zu erfahren, den anderen nicht immer zuverlässig zu erscheinen, eigene Wege zu gehen und dadurch vielleicht anzuecken – das alles eröffnet einem schließlich mehr Möglichkeiten in der eigenen Entwicklung und diese vermisse ich bei mir. Ich bin schon sehr von Rücksichtnahme, Verantwortungsbewusstsein und Zuverlässigkeit geprägt. Dies ist sicherlich nicht immer nur von Nutzen, im Gegenteil: bisweilen engt es mich ein.“

Die Untersuchungsmethoden haben hier also möglicherweise einen „blinden Fleck“ bei der Suche nach Auffälligkeiten, da der Reflex, „möglichst nicht aufzufallen um den Eltern nicht noch mehr Schwierigkeiten zu bereiten“, die Auffälligkeit und Besonderheit an sich ist.

Das Phänomen hat zwei Ursachen:
Erstens senden Eltern bewusst oder unbewusst Signale aus, die dem nicht behinderten Kind zeigen: „Beachte bitte, dass wir bereits bis an unsere Grenzen für das behinderte Kind sorgen. Verschone uns mit weiteren Ansprüchen. Sorge möglichst für dich selbst“.

Die zweite Ursache ist in dem Wunsch verborgen, der in der Regel allen Kindern zu eigen ist: Kinder wollen von sich aus ihren Eltern gefallen. Geschwister behinderter Kinder erreichen dies speziell dadurch, dass sie die Eltern schonen und vermeiden, sie durch eigene Wünsche und Ansprüche zu überlasten. Die Geschwisterkinder reagieren gewissermaßen mit einem „Schutzreflex“ für ihre Eltern. Sie ziehen sich zurück und regeln ihre Angelegenheiten weitgehend selbst. Auf diese Weise wird den Eltern weniger Zeit und Aufmerksamkeit abverlangt.
In dieser Überangepasstheit und dem reibungslosen Funktionieren liegt jedoch die Gefahr, dass Eltern im familiären Alltag die Probleme der Geschwisterkinder übersehen und ihre Bedürfnisse und Interessen überhaupt nicht mehr wahrnehmen können, auch wenn sie sich dafür interessieren.

Geschwisterkinder werden eher als andere Gleichaltrige sehr selbstständig. Sie sind sehr früh in der Lage, nicht nur für ihre Geschwister, sondern auch für sich selbst Verantwortung zu übernehmen.
Das macht sie zu gewissenhaften und eigenständigen Kindern, zumindest wollen sie so ihren Eltern gegenüber erscheinen. Tatsächlich leiden aber viele Kinder dann doch unter der selbst auferlegten Zurückhaltung und die frühe Selbstständigkeit schützt nicht immer vor Schwierigkeiten in der Schule oder im Umgang mit den behinderten Geschwistern.

Tipps für Eltern

Seien Sie nicht besorgt, wenn Ihre nicht behinderten Kinder mal Verabredungen nicht einhalten oder sich aus vereinbarten Verpflichtungen zurückziehen wollen. Geben Sie Ihren Kindern das Gefühl, dass sie nicht immer alles fehlerlos machen müssen.
Geschwisterkinder sind keine Ersatzeltern. Sie brauchen deshalb die Möglichkeit, ihrem Alter angemessen, Verantwortung abzulehnen und Fehler zu machen.

Mike, 41 Jahre:
„Eltern sollten Verständnis dafür haben, wenn ihre nicht behinderten Kinder, ohne Rücksicht auf die behinderten Geschwister, auch einmal etwas für sich bei den Eltern erreichen wollen. Rücksicht und Verständnis für das behinderte Geschwister lernen sie auf jeden Fall. Im Gegensatz dazu können Geschwisterkinder eigene Interessen häufig nur unzureichend vertreten. Deshalb sollten Eltern es fördern, wenn Kinder etwas für sich erkämpfen“.

Tipps für Geschwisterkinder

Auch wenn deine Eltern zu dir sagen, „Ich habe jetzt keine Zeit für dich, komm später.“, oder „Kläre das bitte selbst.“, solltest du dich doch deinen Eltern anvertrauen, wenn etwas nicht so gut läuft. Beispielsweise bei Schwierigkeiten in der Schule oder mit Freunden. Durch die verstärkten Anstrengungen, die deine Eltern für dein behindertes Geschwister machen müssen, bleibt ihnen weniger Zeit und Energie für deine Angelegenheiten. Sie sind im „Stress“, wie man so schön sagt. Dadurch bekommst du vielleicht weniger Aufmerksamkeit von ihnen, als du gerne hättest. Das sollte dich aber nicht entmutigen. Es bedeutet nämlich nicht, dass die Eltern dich weniger lieben. Sie können es nur nicht so gut zeigen, weil sie weniger Zeit haben.
Also, sprich mit deinen Eltern, wenn du sie brauchst. Du musst vielleicht etwas mehr darum kämpfen, von deinen Eltern gehört oder gesehen zu werden als andere. Um so mehr musst du zeigen, wenn etwas wirklich wichtig für dich ist, bei dem du deine Eltern brauchst.
Die meisten Eltern wissen, dass ihr Geschwister etwas zu kurz kommt und sie bedauern dies auch. Deshalb werden sie es verstehen, wenn du sagst, „Ich brauche euch jetzt mal, es ist mir wichtig!“

Geschwisterkinder wollen mithelfen

Viele Geschwisterkinder berichten, dass sie im Haushalt, aber noch viel mehr bei der Aufsicht, Pflege, Therapie und Betreuung ihrer behinderten Geschwister mithelfen müssen.

Das ist zunächst aus mehreren Gründen auch pädagogisch vertretbar:

- Kinder wollen die Eltern unterstützen. Sie wollen ihren Eltern zeigen, dass sie auch etwas für die Familie beitragen können.
- Durch die Mithilfe haben die Kinder eine gute Möglichkeit, Kontakt zu ihren behinderten Geschwistern aufzubauen und zu festigen. Betreuungsaktivitäten können sogar die Konflikte zwischen den Geschwistern verringern.
- Das Gefühl, helfen zu können, stärkt das Selbstbewusstsein der nicht behinderten Kinder.

Eltern sollten deshalb ihre nicht behinderten Kinder unbedingt in einer altersgemäßen Weise mithelfen lassen, beispielsweise bei der Pflege oder indem sie auf ihre behinderten Geschwister aufpassen.
Kritisch wird diese Mithilfe dann, wenn die damit verbundene Verantwortung nicht dem Alter der Kinder entspricht, oder wenn der zeitliche Aufwand die Kinder so sehr in Anspruch nimmt, dass eigene Interessen und Aufgaben nicht mehr oder nur sehr eingeschränkt wahrgenommen werden können.

Kerstin schildert eindrucksvoll ihre gemeinsame Kindheit mit einer autistischen Schwester, die für sie wie für die gesamte Familie eine enorme Belastung darstellte:
„Meine Mutter hat mir neulich erst erzählt, dass ich meine gesamte Grundschulzeit hindurch oft nicht zu Verabredungen mit Freundinnen durfte, weil ich zu Hause bei Therapieanwendungen helfen musste. Die ganze Familie war während des mehrstündigen Therapieprogramms jeden Tag eingespannt. Die einzige Erinnerung, die ich aus dieser Zeit noch selbst habe, ist dieses diffuse Gefühl von ständiger Anspannung, Überforderung meiner Eltern, Traurigkeit, Verunsicherung, Stress und Hektik. Es gab niemanden, der Zeit für mich hatte."

Es wäre unter dieser Stressbelastung ein großer Gewinn für Kerstin gewesen, wenn die Eltern mit ihr über diesen „Stress" gesprochen hätten. Ein einziger Nachmittag, an dem die behinderte Tochter auf die Therapie verzichten muss, gibt Zeit genug, um über Belastungen und über Notwendigkeiten zu reden, die sich durch die Behinderung ergeben. Kinder verstehen diese Situation sehr gut.

„Ich find´s toll, dass ich einen behinderten Bruder habe. Er ist immer fröhlich. Wir spielen viel zusammen. Mein Bruder Paul ist sehr lustig.“
Willi, 10 Jahre

Die Tochter hätte hören wollen, dass die Eltern sie wahrnehmen, sie lieben und im Notfall für sie da sind, auch wenn dies im Alltag nicht erkennbar ist. Das hätte die Tochter beruhigt und ihr die Gewissheit elterlicher Liebe und Sorge vermittelt. Auf diese Weise lässt sich der Druck verstehen und besser verarbeiten.

Ohne dieses Gespräch aber musste sie zu folgender Einschätzung gelangen:
„Was mit mir passierte, war allen gleichgültig. So dachte ich zumindest lange Jahre. In dieser Zeit habe ich gelernt, dass ich unwichtig und jeder Aufmerksamkeit nicht würdig bin. Ich weiß, dass meine Eltern das absolut nicht wollten, sie sich viele Dinge auch anders vorgestellt haben und dass es aber einfach nicht anders ging. Das weiß ich heute, aber es hat die Sache für mich nicht besser gemacht, es hat nichts an der Situation damals geändert."

Untersuchungen bei Geschwisterkindern haben ergeben, dass der Umfang der Betreuungs- und Haushaltsaufgaben sehr vom Geschlecht und der Geburtsposition abhängig ist. Ältere Geschwister und Mädchen werden durchschnittlich mehr zur Mithilfe herangezogen als jüngere Geschwister und Jungen. Hier spiegeln sich traditionelle Rollenverteilungen wider, wie sie auch in Familien ohne behinderte Kinder zu finden sind.

Ute, 26 Jahre, schildert ihre jüngsten Kindheitserfahrungen zum Thema „Helfen":
Direkt nach der Geburt meines behinderten Bruders, habe ich von Seiten meiner Eltern keinerlei Informationen über dessen Behinderung erfahren.
Dabei muss man jedoch bedenken, dass ich zu diesem Zeitpunkt erst drei Jahre alt war. Als ich registriert hatte, dass mein Bruder behindert ist, hatte ich innerlich das Bedürfnis, helfen zu müssen. Seit diesem Zeitpunkt habe ich mich mit ihm intensiv beschäftigt, um ihn und seine Umgebung zu verstehen.
Da Eltern geneigt sind, übervorsichtig mit den behinderten Kindern umzugehen, habe ich jedwede Hilfestellung zur Selbstständigkeit meines Bruders geleistet z.B. Treppensteigen, mit Messer und Gabel zu essen, aus Bechern und Tassen zu trinken, etc."

Tipps für Eltern

Versetzen Sie sich bitte in die Lage Ihrer nicht behinderten Kinder. Denken Sie, diese könnten wegen des behinderten Kindes und der damit verbundenen Rücksichtnahme oder Verantwortungsübernahme überfordert sein? Muss Ihr nicht behindertes Kind deutlich mehr an Aufsicht und Pflege übernehmen, als Ihnen eigentlich lieb ist? Wenn ja, sollten Sie alle Hilfen für Ihre Familie in Anspruch nehmen, um die überlasteten Geschwister etwas mehr aus ihrer Verantwortung zu lösen. Mehr dazu finden Sie im Kapitel „Hilfen“ ab Seite 73.

Das Wohl der behinderten Geschwister

Wenn man Kinder mit behinderten Geschwistern fragt: „Was wünschst du dir für deine Zukunft?“ oder „Wenn du einen Wunsch frei hättest, was würdest du dir dann wünschen?“, haben die meisten Kinder die gleiche Antwort. Fast alle Geschwisterkinder wünschen sich, dass ihre behinderten Geschwister wieder „gesund“ oder nicht mehr behindert sein sollten.

Die Intensität, mit der Geschwisterkinder in erster Linie ihren behinderten Geschwistern Gesundheit wünschen und eigene Wünsche gar nicht erst erwähnen, ist ein deutliches Indiz für die große Bedeutung, die die Behinderung ihrer Geschwister für sie hat.

Das eigene Wohlergehen ist für die nicht behinderten Kinder in hohem Maß vom Wohlergehen der behinderten Geschwister abhängig.

Tipps für Eltern

Achten Sie darauf, dass Ihre nicht behinderten Kinder Wünsche formulieren, die auf sie selbst bezogen und erfüllbar sind. Ermuntern Sie die Geschwisterkinder, Wünsche für sich selbst zu äußern, aber auch hinsichtlich gemeinsamer Familienangelegenheiten.

Das familiäre Gespräch ist wichtig

Die Sozialwissenschaftlerin Dr. Monika Seifert wertete zahlreiche Studien zum Thema „Kommunikation in Familien mit behinderten Kindern“ aus und kam dabei zu folgendem Ergebnis:

„Geschwisterkinder, die mit ihren Eltern offen über die Behinderung ihres Bruders oder ihrer Schwester und ihre eigenen Probleme reden können, können ihre Situation besser verarbeiten als Kinder aus Familien, in denen nicht darüber gesprochen wird“.

In einem Seminar speziell für Geschwister behinderter Kinder erzählte die 14-jährige Katharina, wie sehr sie darunter gelitten hat, dass ihre Eltern sie nie zu ihrer Meinung über ihren behinderten Bruder gefragt haben. Sie hörte manchmal von der Rückbank im Auto aus mit, wenn ihre Eltern sich darüber unterhielten, ob ihr behinderter, jüngerer Bruder ins Internat gehen solle. Außerdem erfuhr sie so, dass sich ihre Eltern große Sorgen um ihren Bruder machten.

„Wenn mein Bruder Janis Glück hat, kann er später sogar mal auf die Schule gehen.“
Darian, 9 Jahre

Katharina:
„Ich habe mir so sehr gewünscht, dass mich meine Eltern auch mal fragen, wie ich zur Internatsunterbringung meines Bruders stehe. Ich war gegen das Internat. Ich wollte, dass mein Bruder zu Hause bleibt. Aber meine Eltern haben mich nie zu meinem Bruder befragt. Es war völlig egal, wie ich darüber dachte. Ich merkte, dass sie sich Sorgen machten, und ich denke, sie haben einfach vergessen, dass auch ich etwas zu sagen gehabt hätte".

Auch Julia, 22 Jahre, litt unter dem Schweigen ihrer Eltern:
„Meine Eltern erfuhren von der Behinderung meines Bruders erst, als ich 11 Jahre alt war. Ich habe es als sehr schlimm empfunden, dass sie mir nichts davon erzählten. Erst zwei Jahre später erfuhr ich es, jedoch konnten sie mir nichts Konkretes sagen. Ich hätte es als erlösend empfunden, endlich alles genau zu wissen. Sie hätten offen mit mir reden sollen. Durch ihr Schweigen kam ich mir noch ausgeschlossener vor."

Grundsätzlich ist das Gespräch in der Familie eine der wichtigsten Möglichkeiten, um die Belastungen, die sich aus der Behinderung ergeben, zu bewältigen. Da Kinder häufig abwarten, welche Themen in der Familie besprochen werden können und welche nicht, kommt hier den Eltern eine besonders wichtige Vorbildfunktion zu.
Eltern, die sich aktiv für eine Bewältigung der Probleme einsetzen, indem sie durch Gespräche beispielsweise in der Familie, der Tagesstätte, der Frühförderstelle oder bei Ärzten offensiv für ihre Interessen kämpfen, geben ein sehr positives Vorbild für die nicht behinderten Kinder. Sie lernen auf diese Weise, auch in ihrem Freundeskreis offen über die Behinderung zu reden. Zudem berichten viele, sie hätten auf diese Weise von ihren Eltern praktische Tipps zum Umgang mit dem behinderten Kind erhalten.
Informationen über Entstehung, Prognose und das Krankheitsbild können Ängste bei den Geschwistern mildern, die Behinderung verursacht zu haben oder selbst behindert zu werden.

Tipps für Geschwisterkinder

Könnt ihr anderen Kindern oder Erwachsenen erklären, wenn euch jemand fragt, warum euer Bruder oder eure Schwester behindert ist?
Wenn nein, solltet ihr euch von euren Eltern Ratschläge geben lassen, was ihr künftig auf solche Fragen antworten könnt.
Das ist sehr wichtig, denn es gibt euch mehr Sicherheit im Umgang mit anderen Kindern, und ihr erleichtert es Freunden und Mitschülern, eure Situation besser zu verstehen.

Tipps für Eltern

Informieren Sie Ihre nicht behinderten Kinder in altersgerechter Weise über die Behinderung.
Erzählen Sie Ihren nicht behinderten Kindern auch, wenn Sie sich überfordert und ausgepowert fühlen. Sie vermeiden auf diese Weise, dass die nicht behinderten Kinder sich dafür schuldig und verantwortlich fühlen. Es gibt häufig diese Empfindungen bei Kindern, auch wenn sie nicht rational erklärbar sind. Rechnen Sie trotzdem damit und beugen Sie dem vor, indem Sie etwas von sich erzählen oder warum diese oder jene Situation für Sie schwierig ist.

Gabi, 40 Jahre, Mutter eines behinderten und zweier nicht behinderter Kinder:
„Was wir als Familien gerade in solch schwierigen Situationen lernen müssen ist, ehrlich miteinander über alles zu reden, auch die Ängste unserer gesunden Kinder wahrzunehmen und anzunehmen, dass sie manchmal sich eben auch gegenüber dem behinderten Geschwister abgrenzen wollen und müssen“.

Julia, 20 Jahre:
„Ich wusste als Kind, dass da etwas nicht stimmt. Ich wusste aber nicht was“.

Cathi, 14 Jahre alt, Schwester eines Bruders mit Down-Syndrom:
„Ich habe erst mit 10 erfahren, dass mein Bruder behindert ist. In meinen Augen waren wir eine ganz normale Familie. Erst, als ich ihn mit einem gleichaltrigen Jungen aus der Nachbarschaft verglich, wurde mir klar, dass er anders ist. Ich habe dann meine Mutter gefragt, die mir dann sagte: ‚Er ist behindert.‘ Das konnte ich erst nicht glauben. Ich dachte bis dahin, alle Menschen sind gleich“.

Eltern sollten eine gute Gesprächsatmosphäre in ihrer Familie schaffen. Schwächen und Ängste sollten von jedem Familienmitglied geäußert werden können. Ideal wäre eine regelmäßige „Familienrunde“, bei der Angelegenheiten der Behinderung und des gemeinsamen Vorgehens und Zusammenlebens besprochen werden können.

Jörg, 36 Jahre:
„Es hat mir sehr gut getan, dass meine Eltern mich ab einem gewissen Alter spüren ließen, dass ich für sie ein gleichberechtigter Gesprächspartner war, mit dem sie über alles, auch über ihre eigenen Probleme reden konnten. Trotzdem haben sie ihre Probleme nicht zu meinen gemacht. Ich habe es besonders geschätzt, wenn sie mir gesagt haben, dass sie mit mir Dinge bereden können, die sie mit meinem behinderten Bruder nie besprechen könnten.“

Erkennen Sie potenzielle Risiken

Ob die spezielle Familiensituation für Geschwister behinderter Kinder Risiken für ihre persönliche Entwicklung birgt, hängt von vielen Faktoren ab.

Wichtig sind dabei folgende Aspekte:

- Das Vorbild der Eltern im Umgang mit der Behinderung.
  Wenn Eltern zur Behinderung ihres Kindes positiv eingestellt sind, fällt es den nicht behinderten Kindern wesentlich leichter, ebenfalls die Behinderung zu akzeptieren. Außerdem sind die Eltern besser in der Lage, auf die einzelnen Bedürfnisse aller Kinder einzugehen, wenn sie grundsätzlich mit ihrer Familiensituation zufrieden sind.

- Die Art und Weise, wie in der Familie, in der Schule und im Freundeskreis über behinderte Kinder gesprochen wird.

Tipps für Eltern

Informieren Sie die Lehrkräfte Ihrer Kinder über die Behinderung in der Familie. Sie unterstützen damit das Verständnis für die Belange Ihrer nicht behinderten Kinder und geben den Lehrkräften Argumente, das Thema bei Bedarf in der Klasse angemessen zu besprechen. Wenn Ihre Kinder noch jünger sind, sollten Sie auch die Freunde Ihrer Kinder über die Behinderung informieren und ihnen Hilfen geben, wie sie mit dem behinderten Kind umgehen sollen.

- Das Geschlecht der Geschwister
  Mädchen können sich an die Anforderungen, die durch die Behinderung entstehen, besser anpassen als Jungen.

- Die Anzahl der Kinder
  Je mehr Geschwister das behinderte Kind hat, umso weniger treffen die Nachteile der Behinderung das einzelne Kind. Die Auswirkung der Behinderung auf die einzelnen Kinder „verdünnt“ sich gewissermaßen.

- Die Art und Schwere der Behinderung
  Mit sichtbaren, klar definierten Behinderungen können die Geschwister besser umgehen als mit uneindeutigen, schwer zu erklärenden Behinderungsformen. Natürlich beeinflussen leichte Behinderungen die Geschwister weniger als schwere Mehrfachbehinderungen.

- Die soziale Schicht der Familie
  Für Familien aus unteren sozialen Schichten bedeutet die Behinderung eines Kindes vor allem ein organisatorisches Problem. Deshalb kommen Familien aus diesen Schichten häufig besser mit der Behinderung zurecht als Familien der Oberschicht, für die eine Behinderung häufig eine „tragische Krise" bedeutet, da viele Erwartungen, vor allem hinsichtlich Status und Beruf, enttäuscht werden.[4]

- Die Reaktionen der Umwelt
  Ute, 36 Jahre:
  „Bei einem Urlaub 1993 in Umbrien am Trasimenischen See haben wir Folgendes erlebt: In einem Lokal haben sich Urlauber aus Deutschland über den Anblick meines behinderten Bruders beim Wirt beschwert, und sie wollten, dass wir das Lokal verlassen. Der Wirt jedoch reagierte außergewöhnlich, indem er die anderen Gäste des Lokals verwies. Darüber hinaus haben wir festgestellt, dass italienische Eltern ihre Kinder zur Seite nahmen und entsprechend belehrten, wenn sie bemerkten, dass ihre Kinder mit Fingern auf meinen Bruder zeigten".

  Christina, 27 Jahre:
  „Ich denke auch, dass das weitere Umfeld, außerhalb der Familie, eine bestimmte Kompensationsfunktion besitzen kann – mir hat es z.B. immer sehr gut getan, mit der Familie einer Freundin in Urlaub zu fahren".

Dr. Waltraud Hackenberg, Professorin für Pädagogik an der Universität Reutlingen, führte mehrere Studien zum Thema „Geschwister behinderter Kinder" durch.
Sie stellte in ihren Untersuchungen fest, dass sich die Belastungen der nicht behinderten Geschwister im Laufe ihres Heranwachsens verändern. Im Kindesalter dominieren praktische Einschränkungen bei Freizeit, Hobbys usw. Geschwisterkinder leiden durch überzogene Forderungen nach Selbstständigkeit und fühlen sich von den Eltern vernachlässigt.
Praktische Einschränkungen und Verzicht belasten Geschwisterkinder auch noch im Jugendalter. Allerdings treten in dieser Altersstufe zusätzliche Belastungen in den Vordergrund. Die Kinder machen sich zunehmend Sorgen hinsichtlich eigener Partnerschaften und Familiengründung. Sie erleben Konflikte zwi-

---

[4] Dr. Hartmut Kasten (Priv.-Doz), „Die Geschwisterbeziehung", Göttingen, 1993

„Wenn mein Bruder in der U-Bahnstation Blödsinn macht, schauen alle Leute auf uns. Das ist manchmal sehr schwierig für mich.“
Julian, 13 Jahre

schen Ablösungswünschen und Verantwortungsübernahme für das behinderte Geschwister.
Ängste, vielleicht später selbst ein behindertes Kind zu bekommen, keimen auf. Die Jugendlichen befinden sich vermehrt in Normenkonflikten zwischen der eigenen Familie und der Gesellschaft.[5]

Eltern sollten ihre nicht behinderten Kinder nicht als „Ersatz" oder „Trost" betrachten, denn darin liegt ein besonders hohes Risiko für spätere psychische Probleme der Geschwisterkinder: „Grundsätzlich ist es wichtig, dass die nicht behinderten Kinder als Individuen angesehen werden, mit eigenen Interessen und Bedürfnissen und nicht als Trost. Denn dies kann zur Selbstentfremdung des Kindes führen. Es ist aus diesem Grund besonders wichtig, sich bewusst Zeit für die nicht behinderten Kinder zu nehmen, sie offen und ehrlich über die Behinderung aufzuklären und sie in die Entscheidungen über die Zukunft des behinderten Geschwisters einzubeziehen".

Außerdem brauchen Kinder, insbesondere Geschwister behinderter Kinder, das Gefühl, dass ihre Eltern die Situation grundsätzlich im Griff haben. Selbst in Situationen, in denen Antworten fehlen oder in denen die Eltern überfordert sind, sollten sie ihren Kindern vermitteln, „Manager" der Krise zu sein. Das bedeutet nicht, dass Eltern keine Schwäche zeigen dürfen. Sie sollten vielmehr demonstrieren, dass Schwächen keine existenzielle Bedrohung sondern Teil des Lebens sind, mit denen man umgehen lernen kann.

Worin liegt nun das persönliche Risiko für Geschwisterkinder? Was passiert, wenn die familiäre Situation für die nicht behinderten Geschwisterkinder ungünstig ist?
Häufig beschriebene Störungen lassen sich wie folgt zusammenfassen:
- Entwicklungsverzögerungen und akute Lernprobleme
- Soziale Schwierigkeiten, sozialer Rückzug
- Verhaltens- und Disziplinprobleme
- Akute Belastungen in der Beziehung zu den Eltern oder den anderen Geschwistern
- psychosomatische Beschwerden

[5] Prof. Dr. Waltraud Hackenberg, 1992

„Geschwister behinderter Kinder sind nicht mit behindert, aber sie sind mit betroffen.
Sie stehen vor der Schwierigkeit, vermehrte soziale Verantwortung zu übernehmen und gleichzeitig ihre eigene Entwicklung in Einklang zu bringen."[6]

Wenn Kinder zu Eltern werden

Die Aufgaben der Geschwisterkinder innerhalb der Familie sind in gewisser Weise eingeschränkt bzw. vorbestimmt: Sie übernehmen vielfach eine Helferrolle. Meist bestimmt die Art und Schwere der Behinderung das Maß der zu erbringenden Hilfeleistungen. Häufig müssen Geschwister Verantwortung für die Betreuung und Versorgung des behinderten oder chronisch kranken Kindes übernehmen und im Haushalt mehr Aufgaben erledigen.
Sozialwissenschaftler bezeichnen Kinder, die wegen schwerer Behinderungen zu Pflege- und Haushaltstätigkeiten herangezogen werden, auch als „parentified children", also „zu Eltern gewordene Kinder".
Dies gilt natürlich nicht für alle Familien mit behinderten Kindern. In vielen Familien müssen Geschwisterkinder nur bis zu einem gewissen Grad mithelfen. Sollten die Belastungen für die nicht behinderten Kinder jedoch zu hoch sein, müssen sie auf alle Fälle reduziert werden. Dauerhafte Überforderung ist ein ernst zu nehmender Stressfaktor. Dabei überfordern nicht nur praktische Pflichten die Geschwisterkinder, sondern auch emotionale und soziale Erwartungen. So verlangen beispielsweise Eltern verfrüht Toleranz und Verständnis gegenüber dem behinderten Geschwister. Soziale Reife als Grundlage für die Toleranz muss sich aber aus einer offenen Auseinandersetzung mit den positiven und negativen Folgen einer Behinderung erst entwickeln. Dazu müssen die nicht behinderten Kinder in ihrer Beziehung zu den behinderten Geschwistern ihre Gefühle auch zeigen dürfen.
Die nicht behinderten Kinder müssen ihre eigenen, uneingeschränkten Erfahrungen mit den behinderten Geschwistern machen können, um zu einer möglichst realistischen, nicht idealisierten Haltung gegenüber den Geschwistern zu kommen.

Die Erwartungen der Eltern

Eine zweite emotionale Überforderung von Geschwisterkindern entsteht, wenn Eltern die Einschränkungen und Enttäuschungen durch die nicht behinderten Kinder kompensieren wollen. Dies geschieht häufig unbewusst und subtil. Trotz-

[6] Prof. Waltraud Hackenberg, Die psychosoziale Situation von Geschwistern behinderter Kinder, Heidelberg, 1987

dem manövriert es die Geschwister behinderter Kinder fast immer in eine Überforderungssituation. Eltern erwarten dann beispielsweise von ihren nicht behinderten Kindern besonders herausragende Leistungen in der Schule oder im Sport. Oder die nicht behinderten Kinder sollen besonders liebenswert sein oder einen Beruf ergreifen, der dem behinderten Kind verwehrt bleibt. Dabei werden die eigenen Pläne und Wünsche der Geschwisterkinder häufig übergangen. Das Kind erfüllt die Erwartungen der Eltern.

Tipps für Eltern

Spüren Sie die große Hoffnung und Erwartung, Ihre nicht behinderten Kinder sollten etwas ganz Besonderes werden? Welche Eltern möchten das nicht! Sie sollten aber vermeiden, an Ihre nicht behinderten Kinder Erwartungen zu knüpfen, die Sie bei Ihren behinderten Kindern nicht erfüllt sehen. Werden Sie sich Ihrer Ansprüche an die behinderten und nicht behinderten Kinder bewusst.
Fragen Sie Ihre nicht behinderten Kinder nach ihren persönlichen Wünschen. Sprechen Sie auch mit Ihrem Partner über seine Erwartungen.

Geschwisterkinder haben weniger „Elternzeit“

Viele Geschwisterkinder fühlen sich von den Eltern zurückgesetzt, da die Eltern weniger Zeit für sie haben. Manche Kinder verinnerlichen die Vorstellung, dass sie deshalb von ihren Eltern weniger geliebt werden als das behinderte Kind. Die Menge an Zeit und Aufmerksamkeit wird zum Gradmesser für die Liebe der Eltern.

Tipps für Geschwisterkinder

Wenn ihr eure Eltern um etwas bittet, dann versucht möglichst genau zu beschreiben, was ihr wollt.
Es ist beispielsweise besser zu sagen: „Ich möchte mal mit euch alleine am Samstag ins Schwimmbad!“, als: „Ich möchte, dass ihr mehr Zeit für mich habt.“ Mit der zweiten Bitte sind viele Eltern überfordert, weil sie nicht einfach ihre Zeit vermehren können. Kleine Wünsche lassen sich jedoch meist erfüllen.

Familien mit behinderten Kindern sind nicht „normal“

Geschwisterkinder lieben und akzeptieren ihre behinderten Geschwister und erfüllen dadurch familiäre Erwartungen. Andererseits erleben sie, wie gesellschaftliche Normen zu Ausgrenzung und Ablehnung ihrer Geschwister führen, und sie können kaum etwas dagegen tun.
Grundsätzlich möchten Kinder so sein wie alle anderen Kinder auch, denn der Anpassungsdruck in der Schule oder im Freundeskreis ist hoch. Diese „Norma-

lität“ wird durch ein behindertes Geschwister jedoch erschwert. Familien mit behinderten Kindern sind häufig exponiert, sie sind „anders“ und eben nicht „normal“. Das kann sich auf die Geschwisterkinder übertragen, indem sie sich als „nicht normal“ empfinden. Die Sondersituation generalisiert sich unter Umständen auf die eigene Identität. Die Geschwister fühlen sich unter normalen Kindern herausgehoben, besonders beobachtet und zu Erklärungen über sich und ihre behinderten Geschwister verpflichtet. Diese Rolle ist sehr anstrengend. Als Schutzreflex verbergen Geschwisterkinder manchmal die Tatsache, Geschwister behinderter Kinder zu sein, um die Normalität nicht zu verlieren.

Risiko „Gefühle verbergen“

Eigene „negative“ Gefühle wie Neid, Ärger, Hass und Eifersucht verstecken Geschwisterkinder oft. Sie glauben, diese Gefühle werden von anderen nicht akzeptiert. Das führt bei manchen Geschwisterkindern zu einem schlechten Gewissen. Die Umwelt stellt fest, dass Geschwisterkinder lieb, nett und hilfsbereit sind. In Wahrheit haben Geschwister behinderter Kinder auch ihre „dunklen“ Seiten. Das kann für die Kinder zu einem leidvollen Zwiespalt werden.

Sonja, 23 Jahre:
Meine Eltern taten alles, um Michaela zu fördern. Für mich blieb da natürlich nur wenig Zeit. Ich erinnere mich daran, dass ich mir in schwierigen Situationen als Kind oft wünschte, auch behindert zu sein, um genauso viel Aufmerksamkeit zu bekommen, wie meine Schwester. Aber obwohl ich noch klein war, schämte ich mich bei solchen Gedanken sofort.“[7]

Werden Neidgefühle tabuisiert und können Geschwisterkinder ihre Emotionen nicht direkt zeigen, führt das oft zu Schuld- und Schamgefühlen. Auf der einen Seite schämen sie sich dieser Gefühle, denn sie wissen genau, dass ihr Bruder nichts für die Behinderung kann. Auf der anderen Seite entstehen Schuldgefühle aus dem Bewusstsein, klüger, gesünder und überlegen zu sein.[8]

Sejla, 23 Jahre:
„Ich finde, Eltern sollten versuchen, ihren Kindern diese Schuldgefühle abzunehmen, - auch Schuldgefühle bezüglich der Tatsache, dass ihr Geschwisterchen behindert ist und sie nicht. Damit hatte und habe ich sehr zu kämpfen“.

---

[7] aus: „Lebenshilfe, Info“, Geschwister, 1/2000

[8] Ilse Achilles: „... und um mich kümmert sich keiner!“, 2002

Wenn auch die Eltern ihre Emotionen wie Ablehnung, Enttäuschung oder Trauer gegenüber dem behinderten Kind nicht zeigen oder vielleicht sogar hinter einer verstärkten Zuwendung verbergen, ist es für die nicht behinderten Kinder fast unmöglich, über eigene Gefühle dieser Art zu sprechen.
Eltern tun also gut daran, auch Ärger und Sorgen bei sich und den Kindern zuzulassen. Es muss ja nicht alles vor den behinderten Kindern besprochen werden. Die nicht behinderten Kinder brauchen einen geschützten Rahmen, in dem vertrauliche Gespräche möglich sind, ohne dass sie ihre behinderten Geschwister verletzen.

Tipps für Geschwisterkinder

Wie auch in Familien ohne behinderte Kinder ist es völlig normal, dass das Zusammenleben immer wieder zu Streit und Aggressionen führt. Aggression ist das Fremdwort für „etwas anpacken wollen“, also eigentlich etwas Gutes. In unserem heutigen Sprachgebrauch versteht man darunter aber mehr „zerstörerische“ Gefühle, wie zum Beispiel Wut und Ärger und den Wunsch, etwas zu „zerdeppern“ oder auf jemand anderen losgehen zu wollen.
Es ist sehr wichtig, Aggressionen nicht zu unterdrücken, aber sinnvoll mit ihnen umzugehen. Natürlich können wir dabei nicht aufeinander losgehen, wie wild gewordene Stiere.
Wir müssen andere Wege finden, um unsere Wut loszuwerden. Sicher kennst du schon Möglichkeiten, um mit deiner Wut und dem Ärger fertig zu werden. Manche verausgaben sich beispielsweise beim Fußballspiel, andere weinen oder toben in ihrem Zimmer.
Am besten hilft es aber, über Ärger, Neid oder gar Hass zu reden. Deshalb ist es wichtig, dass ihr eine gute Freundin oder einen guten Freund habt, mit denen ihr über so was sprechen könnt. Noch besser ist es, sich immer wieder – alleine oder gemeinsam mit anderen – „auszutoben“, sei es durch Musik, Sport oder vielleicht auch bei einem „guten Streit“.

Loyalitätskonflikte

Wollen Geschwisterkinder über Ärger, Neid und Hass sprechen, geraten sie häufig in einen so genannten „Loyalitätskonflikt“. Sie verspüren den Wunsch, sich und ihre Situation anderen anzuvertrauen, unterlassen es aber, weil sie diese Gespräche als „Verrat“ an der eigenen Familie empfinden. Diese extrem negative Bewertung rührt daher, dass sie sich den Eltern gegenüber zu Gehorsam verpflichtet fühlen. Sie befürchten, dass ein Gespräch über ihre Situation von den Eltern als Kritik und Aufbegehren verstanden werden könnte. Mit anderen darüber zu sprechen kann

Vertrauliche Gespräche zwischen Menschen mit behinderten Geschwistern sind besonders wichtig.

also das Gefühl hervorrufen, die Loyalität zur Familie, speziell zu den Eltern verletzt zu haben. Die Kinder nehmen diese Einschätzung unbewusst vor. Es führt zu der inneren Haltung, besser keine internen Angelegenheiten der Familie mit Außenstehenden zu erörtern.

Tipps für Geschwisterkinder

Wenn ihr mit anderen Kindern oder Erwachsenen einmal darüber sprechen wollt, was es für euch bedeutet, einen behinderten Bruder oder eine behinderte Schwester zu haben, dann solltet ihr dies tun, wenn ihr einen vertrauenswürdigen Gesprächspartner gefunden habt. Viele Eltern sagen, dass sie sehr froh wären, wenn ihre nicht behinderten Kinder Kontakt zu anderen Kindern hätten, mit denen sie sich über alles Mögliche, auch über ihre Schwierigkeiten mit dem behinderten Geschwister, unterhalten könnten.

Angst vor eigener Behinderung

Vor allem bei Behinderungen mit unklarer Ursache oder bei vererbbaren Behinderungen haben die Geschwister Angst, selbst behindert zu werden.

Tipps für Eltern

Versuchen Sie, möglichst viel über die Behinderung in Erfahrung zu bringen, und informieren Sie Ihre nicht behinderten Kinder darüber. Viele Sorgen, Vermutungen und Ängste der Geschwisterinder zur eigenen Gesundheit lassen sich damit vermeiden.

Ungleichbehandlung

Geschwisterkinder erhalten für ihre Leistungen häufig weniger Lob als ihre behinderten Geschwister, bei denen die Eltern auch bei kleinen Entwicklungsschritten sehr viel Freude zeigen. Das empfinden viele Geschwisterkinder als ungerecht.

Karin, 27 Jahre:
„Als ich vor ein paar Wochen meine Schwester von ihrer Therapiestunde abholte, begegnete mir eine Freundin meiner Mutter, die mich freudestrahlend empfing und verkündete: ‚Ich habe gerade mit deiner Mutter telefoniert, und die hat mir erzählt, dass deine Schwester jetzt alle Buchstaben des Alphabets benutzen kann! Ist das nicht toll?‘ Ohne darüber nachzudenken, habe ich nur relativ trocken geantwortet: „Mir hat auch niemand applaudiert, als ich lesen gelernt habe!"
Ist doch wahr! Meine Güte, nur weil so etwas bei Eltern Begeisterungsstürme auslöst, besteht deshalb noch lange keine Verpflichtung für mich, auch in euphorischen Jubel auszubrechen! Ich glaube, ich habe Mamas Freundin schon arg vor den Kopf gestoßen, denn verstanden hat sie mich nicht!“

Als ungerecht empfinden Kinder es auch, wenn die Eltern den behinderten Kindern vieles nachsehen, sie selbst aber gerügt oder für viele Konflikte zwischen den Geschwistern automatisch verantwortlich gemacht werden.
Eltern erwarten von den nicht behinderten Kindern oft Einsicht und freiwilligen Verzicht auf eine Entscheidung zu ihren Gunsten, wenn das behinderte Kind die Situation nicht versteht. Häufig ist es auch einfacher und schneller zu entscheiden, wenn dem behinderten Kind Recht gegeben wird.
Bianca, 10 Jahre:
„Mama sagt zu mir dann immer: ‚Du bist doch ein vernünftiges Mädchen!‘“

Tipps für Eltern

Die Benachteiligung von Geschwisterkindern hat in der Regel einen realen Hintergrund. Eltern können das eigentlich notwendige Mehr an Aufmerksamkeit und Energie für eine gerechte Erziehung oft nicht aufbringen. Wenn die nicht behinderten Kinder monieren, dass sie „zu kurz“ kommen, sollten Sie dies auf keinen Fall als Neid, Missgunst oder Eifersucht auslegen. Die Kritik der Kinder ist zunächst einmal berechtigt. Meist zeigen Ihre nicht behinderten Kinder Verständnis für eine ungleiche Behandlung, wenn Sie Ihre Gründe erklären. Werfen Sie Ihren Kinder aber Missgunst und Neid vor, werden die Kinder sich dadurch

noch ungerechter behandelt fühlen. In der Folge werden sie sich eher zurückziehen, als mit Ihnen darüber zu sprechen.
Gestehen Sie Ihren Kindern ein, dass aus praktischen Notwendigkeiten Unterschiede gemacht werden müssen. Dies bedeutet aber nicht, dass Sie Ihre Kinder unterschiedlich lieben.

Schuldgefühle

Geschwisterkinder haben manchmal Schuldgefühle gegenüber dem behinderten Geschwister. Immer wieder glauben sie, für die Behinderung verantwortlich zu sein. Sie versuchen dann häufig, besonders gut zu ihnen sein, um die Not durch die Behinderung zu lindern.
Bei Zwillingen, von denen ein Kind behindert ist, das andere jedoch nicht, drängt sich dem nicht behinderten die Frage auf, „warum ist mein Bruder behindert und ich nicht?" Möglicherweise lassen sich medizinische Gründe anführen, häufig wird es aber schwierig sein, ausreichend auf diese Fragen zu antworten. Auf jeden Fall sollten Eltern versuchen, vorhandene Schuldgefühle ihres nicht behinderten Kindes so schnell wie möglich auflösen.

Hänseleien

Bereits im Grundschulalter teilen Kinder ihre Welt in „normal" und „nicht normal". Dies setzt sich mit zunehmendem Alter fort. Vor allem unter Jugendlichen herrscht ein hoher „Anpassungsdruck" im Klassenverband und für die einzelnen Mitglieder einer Clique.
Der in diesen Gruppen gepflegte Uniformismus bietet Schutz vor verschiedenen Ängsten. Besondere Moden (Kleidung, Rituale, Musik) stellen eine Gruppenidentität her und stützen die Heranwachsenden in Zeiten großer körperlicher und psychischer Umbrüche. Gleichzeitig sollen diese Moden „Andersartige" ausschließen. Andersartig und als „nicht normal" werden leider häufig Kinder und Jugendliche mit einer Behinderung bewertet. Das erschwert die Integration in Schulklassen und Jugendgruppen, denn für die Gruppenzugehörigkeit sind Eigenschaften wichtig, die Jugendliche mit Behinderung und deren Geschwister nicht oder nicht so leicht erfüllen können. Äußere Merkmale, wie gutes Aussehen, sportliche Leistungen und Statussymbole, entscheiden über die Gruppenzugehörigkeit.
Da Geschwister behinderter Kinder vor allem „innere" Werte, wie die bereits erwähnten „sozialen Kompetenzen" entwickeln, distanzieren sie sich von einem übertriebenen Kult von Äußerlichkeiten. Dies, verbunden mit ihrer zwangsläufig anderen Sichtweise von „Normalität", macht sie immer wieder zu Außensei-

„Dass mein jüngerer Bruder jetzt sprechen kann, ist etwas ganz Besonderes für mich. Ich passe gern auf ihn auf, weil ich es sehr genieße, mich nun mit ihm unterhalten zu können“.
Marvin, 11 Jahre

tern und zu Opfern von Hänseleien. Fast die Hälfte der Geschwisterkinder gibt an, schon einmal wegen des behinderten Geschwisters gehänselt worden zu sein.

Verena, 11 Jahre:
„In der Grundschule haben die anderen Kinder zu mir immer gesagt: „Du bist ja genau so blöde im Kopf wie deine Schwester!"

Julia, 9 Jahre:
„Ich muss auf vieles verzichten. Viele lachen mich aus wegen meinem behinderten Geschwisterchen."

Tipps für Geschwisterkinder

Vielleicht seid ihr auch schon ähnlich gehänselt worden. Hier könnt ihr nachlesen, was andere Kinder in diesen Situationen machen. Vielleicht findest du einen passenden Ratschlag für dich:

- „Ich sage den Kindern, die mich blöd ansprechen, dass sie einen Tag mit einem behinderten Kind verbringen sollten."
- „Ich mache sie darauf aufmerksam, dass sie selbst eines Tages behindert sein könnten, zum Beispiel durch einen Unfall."
- „Ich sage ihnen, dass sie selbst nicht perfekt sind."
- „Ich ignoriere sie, dann wird es den dummen Typen langweilig."
- „Wenn möglich, spreche ich mit denen, die mich hänseln, über die Behinderung."
- „Ich spreche mit meinen Eltern und hole mir Unterstützung von ihnen."
- „Ich spreche mit Freunden darüber."
- „Man soll sich nicht verstecken, sondern dazu stehen."
- „Ich suche mir Menschen, die mich akzeptieren und die mit mir zusammen den Lästerern klar machen, dass es nichts unnormales ist, ein behindertes Geschwister zu haben."
- „Ich sage dann: Er ist so, wie er ist! Er kann ja nichts dafür."

Und noch etwas:
Je älter ihr werdet, um so weniger werdet ihr gehänselt werden. Eure Mitschüler merken nämlich, dass ihr ganz andere Dinge könnt:
Ihr seid selbstständig, könnt zuhören, übernehmt Verantwortung und könnt mit behinderten Menschen ganz unverkrampft umgehen. Diese Dinge werden mit zunehmendem Alter immer wichtiger.

Trennung und Scheidung der Eltern

Neben den bereits erwähnten Risiken sind zwei weitere traumatische Situationen besonders herauszustellen: Trennung und Tod. Dieses Leid belastet die ganze Familie und vor allem auch die Geschwisterkinder.
Wenn Eltern sich trennen oder gar ein Kind verstirbt, stehen alle Familienmitglieder unter Schock. Es ist sehr schwer, sich nach solchen Erlebnissen wieder zurechtzufinden. Vor allem Geschwisterkinder brauchen dann besondere Aufmerksamkeit. Ihre Haltung, keine „Extraschwierigkeiten" machen zu wollen, ist bei so schweren, seelischen Verletzungen besonders risikoreich.

Viele Paarbeziehungen zerbrechen unter der erhöhten Stressbelastung durch die Behinderung eines Kindes. Trennung oder Scheidung sind häufig die Folge. Dies verschlechtert die Situation von Geschwisterkindern noch zusätzlich, da sie bereits an der verminderten Verfügbarkeit ihrer Eltern leiden.
Aus diesem Grund ist es besonders wichtig, dass die Kinder weiterhin regelmäßigen Kontakt zu beiden Eltern halten, auch wenn diese getrennt voneinander leben.

In der Regel übernimmt die Mutter die Kindererziehung nach einer Trennung. In ihrer neuen Rolle als „Alleinerziehende" fehlt ihr die Unterstützung eines Partners. Ein entscheidender Faktor für das seelische Wohlbefinden der Geschwister von Kindern mit Behinderung ist die Zufriedenheit der Mutter. Wird diese Zufriedenheit in Folge von Trennung und Überlastung gestört, ergeben sich viele negative Folgen für alle Familienmitglieder. In dieser Situation ist es besonders wichtig, alle verfügbaren Hilfen einzusetzen. Das kann ein familienentlastender Dienst sein (Adressen ab S. 80), eine Mediation (= Konfliktbegleitung), die die Konflikte während der Trennung moderiert, eine Erziehungsberatung oder eine Einzel- bzw. Paarberatung, um die negativen Folgen für die Kinder möglichst gering zu halten.

Tipps für Eltern

Die moderne Stressforschung zeigt: Jeder Mensch kann nur eine bedingte Menge Stress über längere Zeit aushalten. Dabei spielt es keine Rolle, ob uns angenehme Dinge oder unangenehme Dinge „stressen". Vielmehr sind es die Veränderungen in unserem Leben an sich, die unseren Organismus belasten. Sorgen Sie also in Zeiten großer Umbrüche, z. B. wenn Sie als Eltern sich trennen und die häusliche Gemeinschaft sich auflöst, dass möglichst viele andere Bereiche stabil bleiben. Sorgen Sie dafür, dass im Jahr nach Ihrer Trennung vermeidbare einschneidende Veränderungen, wie beispielsweise ein Umzug oder ein außerplanmäßiger Schulwechsel unterlassen werden. Gewohnheiten sollten beibehalten werden. Wenn Ihre Kinder ein Musikinstrument lernen oder Sport treiben, so sollten sie dies auch weiterhin tun. Dies alles trägt dazu bei, Stabilität zu schaffen, wenn andere Lebensbereiche ins Wanken geraten.

Gabi, 40 Jahre, Mutter eines behinderten und zweier nicht behinderter Kinder:
„Die wichtigste Erfahrung, die ich weitergeben möchte: Eltern sollten sich auf jeden Fall kompetente Hilfe suchen, wenn sie Probleme in der Ehe bekommen, ehe es zu spät ist. Meistens sind die Probleme ja vorher schon da, nur durch solch extreme Erfahrungen tritt dann zutage, was vorher noch zu verdrängen war. Frauen müssen viel Geduld mit ihren Männern haben, da sich diese viel schwerer tun, die neue Situation anzunehmen und zu oft sich dann in Arbeit hineinstürzen, anstatt für die Familie da zu sein. Letztendlich ist dies wohl auch das Resultat aus einer zu aufopfernden Haltung der Mutter. Ich möchte Mut machen, dass, egal wie schwierig die Situation auch sein mag, sie auf jeden Fall zu retten ist, wenn beide Partner das auch wollen. Ferner ist meine persönliche Erfahrung, dass wirklich kompetente Hilfe leider nur dort zu finden ist, wo man von der Kasse keine Zuschüsse erhält.“

Wenn ein Kind stirbt

In den meisten Familien mit behinderten Kindern ist das Thema „Tod“ genauso wenig aktuell wie in anderen Familien auch. Ein Großteil der Behinderungen beeinflusst nicht die Lebenserwartung. Leiden Kinder aber an Behinderungen, die Vitalfunktionen beeinträchtigen, oder die einen degenerativen (= abbauenden) Verlauf haben, muss sich die Familie mit dem Thema „Sterben“ auseinander setzen. Häufig wird diese drohende Gefahr jedoch verdrängt.
Die berühmte „Sterbeforscherin“, Dr. Elisabeth Kübler-Ross fasst die Problematik prägnant zusammen:
„Nicht die sterbenden Erwachsenen, nicht die sterbenden Kinder und nicht die Eltern von sterbenden Kindern sind die vernachlässigste Gruppe von Menschen, sondern die Geschwister von sterbenden Kindern.“[9]

Wenn ein Kind stirbt, unabhängig davon, ob es behindert war oder nicht, ist das für alle Familienmitglieder ein besonders dramatischer Schock. Die Geschwister verlieren dabei nicht nur die Schwester oder den Bruder, sie müssen auch weitge-

---

[9] Elisabeth Kübler-Ross, 1975

hend auf die Eltern verzichten. Die Eltern sind lange Zeit in ihrer Trauer und ihrem Schmerz gefangen und haben oft nicht die Kraft, die Bedürfnisse ihrer anderen Kinder wahrzunehmen. Dadurch fühlt sich das überlebende Kind überflüssig und unwichtig. Die Kinder müssen sich mit ihrer eigenen Trauer auseinander setzen und erleben gleichzeitig einen Verlust an Sicherheit, Verlässlichkeit und Stabilität. Manche Geschwisterkinder verdrängen ihre Trauer, um die Eltern nicht noch zusätzlich zu belasten. Das ist der gleiche Mechanismus wie zu Lebzeiten des behinderten Kindes.

Schmerz und Trauer von Eltern ist für Kinder immer schwer zu ertragen, daher versuchen sie alles, um den Eltern den Schmerz zu nehmen. Sie bieten sich als „Ersatz“ für ihre verstorbenen Geschwister an. Dabei laufen sie Gefahr, sich in ihrer Rolle zu überfordern.

Stefanie, 14 Jahre:
„Nach dem Tod meines Bruders habe ich gehofft, dass Mama etwas von ihm in mir sieht“.

Massive Schuldgefühle können auftreten, wenn Kinder den Tod des behinderten Geschwisterkindes herbeigewünscht haben und dieser dann tatsächlich eintritt. Zusätzlich erleben sie Schuldgefühle, wenn sie erleichtert darüber sind, dass der belastende Zustand zu Ende ist und die Eltern jetzt wieder mehr Zeit für sie haben.

Elisabeth, 50 Jahre alt, berichtet:
„Einmal hörte ich, wie meine Tochter Kristin, damals war sie vier, ihrer zwei Jahre älteren Schwester Agnes nach einem Streit vor Zorn bebend entgegenschleuderte: ‚Ich wünsche mir zu Weihnachten, dass du stirbst!‘“[10]

Durch den Tod des Geschwisters stellen sich Ängste ein, auch die anderen Familienmitglieder zu verlieren oder selbst sterben zu müssen Manche Kinder reagieren auf diese Ängste mit aggressiven Verhaltensweisen und fühlen sich unverstanden, wenn die Eltern ihnen vorwerfen, nicht richtig zu trauern. Solch eine tiefe Kränkung kann unter Umständen das ganze Leben anhalten, wenn sie nicht richtig verarbeitet wird.[11]

Wie die Kinder den Tod eines Geschwisters verarbeiten, hängt im Wesentlichen

---

[10] Ilse Achilles, „… und um mich kümmert sich keiner“, 2002

[11] Gertraud Finger, „Ja, mein Kind ist anders“, 2000

vom Verhalten der Eltern ab. So verringert sich das Risiko psychischer Auffälligkeiten, wenn die Eltern eine offene Trauer und das Gespräch darüber zulassen. Margot, 42 Jahre, klagt mehrere Jahre nach dem Tod ihres an Krebs verstorbenen Kindes:
„Wir hätten viel eher über den Tod und unseren Schmerz reden sollen“.

„Man kann sicherlich nicht allgemein sagen, dass Kinder den Tod von Geschwistern immer als belastend oder traumatisch erleben. Aber fast immer brauchen die Geschwister eine Vertrauensperson für offene Gespräche, den Rückhalt ihrer Freunde und die Sicherheit der vertrauten Umgebung, weil sich nur so allmählich wieder ein Gefühl für Normalität einstellen kann.“[12]

Tipps für Eltern

Wenn Sie den Tod eines Kindes betrauern müssen, sollten Sie versuchen - trotz aller Schmerzen - in der Familie über diesen Tod zu sprechen.
Diese Gespräche sind sehr wichtig. Sie können verhindern, dass die anderen Kinder in ihrer Trauer allein gelassen werden. Nur so erfahren Sie, wie es den anderen Familienmitgliedern geht.
Pflegen Sie Rituale, die das verstorbene Kind miteinbeziehen. Es ist gut, wenn Sie Bildern des verstorbenen Kindes einen schönen Platz in Ihrer Wohnung geben. Erzählen Sie sich gegenseitig etwas über das verstorbene Kind. Lassen Sie es an Ihrem Familienleben symbolisch teilhaben. Das erleichtert Ihnen langfristig die Trauer, und Ihre Kinder müssen ihren Schmerz nicht verbergen.
Seien Sie nicht enttäuscht, wenn Ihre Kinder weniger um ihre Geschwister trauern, als Sie erwartet haben.
Jeder Mensch hat seine eigene Ansicht über den Tod und Trauer ist ein sehr intimes Gefühl, das jeder auf seine Weise erlebt. Viele Menschen können erst nach geraumer Zeit die Schmerzen, die durch den Verlust eines geliebten Menschen entstehen, langsam zulassen.

---

[12] Elisabeth Kübler-Ross, 2000

Chancen für Geschwisterkinder

Laut einer Studie können fast alle Jugendlichen mit behinderten Geschwistern einen persönlichen Gewinn aus den Erfahrungen mit ihren Schwestern oder Brüdern ziehen. Sie heben vor allem ihre positive, offene Einstellung zu Menschen mit Behinderung hervor. Ebenso erwähnen sie die Förderung der eigenen Selbstständigkeit, sowie die Erfahrung, durch die behinderten Geschwister bewusster und intensiver zu leben.

Im gemeinsamen Aufwachsen mit einem behinderten Geschwister liegen also Chancen für besondere Entwicklungsmöglichkeiten und Fähigkeiten. Diese „emotionale Intelligenz“ die in der Fachsprache auch „soft skills“ genannt wird, hat eine wesentliche Bedeutung für die Persönlichkeitsentwicklung der Geschwister behinderter Kinder.

Miriam, 26 Jahre alt:
„Ein behindertes Geschwister zu haben hat aber auch positive Seiten. Geschwister behinderter Kinder lernen schon früh, soziale Kompetenzen zu entwickeln. Manche Behinderte haben es besonders schwer, sich zu artikulieren, so dass Gespräche viel Aufmerksamkeit erfordern können. Da lernt man zuzuhören! Außerdem werden die Geschwister schon früh mit körperlichen und sozialen Problemen konfrontiert, was sich natürlich auf ihre eigene persönliche Entwicklung auswirkt. Auch die Hilfestellung, die sie eventuell manchmal geben müssen, macht sie zu selbstständigen Menschen. Diese und andere Erfahrungen können im Erwachsenenleben sehr von Vorteil sein, so dass man von außen betrachtet dann keine ‚Defizite‘ feststellt, sondern eben ganz normal Erwachsene sieht, die genauso ihre Stärken und Schwächen haben wie alle anderen auch, aber vielleicht andere“.

Der moderne Begriff „soft skills“ bedeutet wörtlich übersetzt „weiche Fähigkeiten" (engl. Soft = weich, skills = Können, Fertigkeiten). In der deutschen Fachsprache wird er als „soziale Kompetenz“ übersetzt. Damit ist das Wissen über den Umgang mit Menschen gemeint.
Die Summe der „soft skills“, wird als „emotionale Intelligenz (EQ)“ bezeichnet. Die emotionale Intelligenz ist sehr stark abhängig von der Persönlichkeitsstruktur einer Person, ihrer Umgebung und der biographischen Entwicklung.
Emotionale Intelligenz kann trainiert werden. Je früher das „Training" beginnt, umso leichter und schneller ist der Weg zu einer emotional ausgeglichenen Persönlichkeit.

„Wenn meine Schwester nicht behindert wäre oder ich ihren Wahnsinns-Ehrgeiz hätte, wären wir mit Sicherheit Leistungssportler und man würde uns bei Olympia sehen."
Nicole, 18 Jahre

Grundlage für die Bildung und Entwicklung von „soft skills" ist die Achtsamkeit gegenüber eigenen Gefühlen und den Gefühlen anderer Menschen. Diese Fähigkeit, eigene Stimmungen sowie die unserer Mitmenschen wahrzunehmen, ist von der Qualität des Wahrnehmungsvermögens abhängig.
Für das Verständnis von Charaktereigenschaften und Handlungsweisen von Mitmenschen ist die Interpretation nonverbaler Kommunikationsinhalte unerlässlich. Geschwisterkinder finden in ihrem Zusammenleben mit den behinderten Geschwistern zwangsweise viele Gelegenheiten, ihre sozialen Kompetenzen auszubilden.

Die soziale Kompetenz setzt sich aus folgenden „Bausteinen" zusammen:
- Persönlichkeit
- Vertrauenswürdigkeit
- Urteilsvermögen
- analytisches und logisches Denken
- Empathie (Mitgefühl), Einfühlungsvermögen
- Menschenkenntnis
- Durchsetzungsvermögen
- Selbstbewusstsein
- Kreativität
- Kampfgeist
- Teamfähigkeit
- Integrationsbereitschaft
- Neugier
- Kommunikationsverhalten
- (psychische) Belastbarkeit, Stressresistenz
- Umgangsstil, Höflichkeit
- Rhetorik, Redegewandtheit
- Motivation, Fleiß, Ehrgeiz
- Verhandlungsgeschick
- Kritikfähigkeit
- Koordinationsgabe / Prioritäten setzen
- Organisationstalent
- Selbstbeherrschung
- Selbstdarstellung
- Fähigkeit, Konflikte und Misserfolge bewältigen zu können
- Eigenverantwortung
- Zeitmanagement

„Ich bin dankbar für die eigene Gesundheit, und ich bin mir der Gefahr von Vorurteilen bewusst. Meistens stelle ich mich auf die Seite der Benachteiligten. Meiner Meinung nach habe ich viele Chancen genutzt. Ich würde mich als tolerant, sensibel, belastbar, selbstkritisch, verantwortungsbewusst und sozial engagiert bezeichnen. Ich habe auf jeden Fall einen persönlichen Gewinn durch meinen Bruder mit Down- Syndrom gezogen."
Kristina, 26 Jahre

Sejla, eine 23-jährige Studentin, schildert die positiven Aspekte mit ihrer behinderten Schwester:
„Ich möchte gerne noch auf ein paar positive Aspekte bezüglich der Prägung durch meine behinderte Schwester eingehen. Ich habe das Gefühl, dass die Behinderung meiner Schwester mein soziales Engagement gefördert hat. Ich wusste durch den Umgang mit meiner Schwester recht früh, in welchen beruflichen Zweig ich später gehen wollte.
Das Zusammenleben mit meiner Schwester war für mich eine wichtige Erfahrung, denn ich habe sehr früh gemerkt, dass ich trotz ihrer Behinderung sehr viel mit ihr gemeinsam unternehmen kann".

Caroline, 12 Jahre, Schwester eines geistig behinderten Bruders:
„Bei meinem Bruder weiß ich immer, woran ich bin. Er ist immer ehrlich. Wenn er sagt, dass ich sein Schatz bin, bin ich stolz darauf."

Auch Janika, 8 Jahre alt, die zwei behinderte Schwestern hat, sieht die positive Seite ihrer Situation:
„Jetzt bin ich ganz selbstständig geworden."

Willi, 10 Jahre:
„Ich find's toll, dass ich einen behinderten Bruder habe. Er ist immer fröhlich. Wir spielen viel zusammen."

Geschwisterkinder sind erfolgreich im Umgang mit ihrer Situation, wenn
- die Geschwisterkinder positive und negative Gefühle gegenüber dem behinderten Kind zulassen können.
- ein gewisses, aber nicht übermäßiges Interesse an den Aktivitäten des behinderten Kindes vorhanden ist.
- die Geschwisterkinder ein Selbstbild entwickeln können, das weitgehend unabhängig vom Bild des behinderten Kindes ist.

Den meisten Geschwistern ist bewusst, dass ihre soziale Kompetenz im Leben mit den behinderten Geschwistern begründet ist.

Strategien für Eltern

Die folgenden Erziehungsstrategien wurden von Pädagogen und Geschwistern behinderter Kinder speziell für Eltern erarbeitet.
Dabei betonten die Geschwisterkinder, dass alle Empfehlungen gleichermaßen wichtig sind.

Obwohl wahrscheinlich alle Vorschläge für Eltern interessant sein dürften, lassen sich nicht alle Strategien in jeder Familie umsetzen. Das ist auch nicht nötig. Jede Familie setzt ihre eigenen Prioritäten bei der Auswahl von Ratschlägen und Strategien.

1. Seien Sie offen und ehrlich.
   Geschwister behinderter Kinder brauchen Eltern, die ihnen zuhören und Fragen offen beantworten. Das gilt in besonderem Maß für „heikle Themen", beispielsweise wenn die behinderten Kinder eine lebensbedrohende Krankheit haben. Wenn Ihre Kinder keine Fragen stellen, fragen Sie sieselbst, beispielsweise „Wie denkst du darüber, wie dein Bruder (deine Schwester) später einmal leben soll?" oder „Wissen deine Freunde, dass dein Bruder (deine Schwester) behindert ist, oder möchtest du das lieber für dich behalten?"

2. Schränken Sie die Verantwortung der Geschwisterkinder bei der Pflege ein.
   Gerade bei schwerst-mehrfach behinderten Kindern mit hohem Pflegeaufwand sollten Sie sich an den Wünschen und Fähigkeiten Ihrer nicht behinderten Kinder orientieren. Diese wollen zwar in der Regel an der Pflege ihrer Geschwister beteiligt sein, aber das sollte nicht zu Überforderung führen.
   Vor allem ältere Schwestern behinderter Kinder übernehmen häufig zu viel an Verantwortung, indem sie eine „mütterliche Rolle" einnehmen, der sie im Allgemeinen aber nicht gewachsen sind.

3. Nehmen Sie Angebote von sozialen Institutionen in Anspruch.
   Dazu gehören vor allem familienentlastende Dienste (FED), Kurzzeitpflegeeinrichtungen und Beratungsstellen (Adressen siehe bei „Hilfen" ab S. 80).

4. Versuchen Sie gerecht zu sein.
   Das bedeutet, dass Sie Ihre Aufmerksamkeit auf alle Ihre Kinder möglichst gleich verteilen. Aber auch einen gewissen Gehorsam sollten sie von allen

Kindern, auch von dem behinderten Kind, einfordern. Vermeiden Sie bei Streitigkeiten, stets zu Gunsten des behinderten Kindes zu entscheiden. Kinder spüren Ungerechtigkeiten sehr genau.

5. Akzeptieren Sie die Behinderung Ihres Kindes.
   Hinter der einfach klingenden Strategie steckt meistens eine jahrelange Auseinandersetzung mit Verzweiflung und Hoffnung. Lebenspläne müssen geändert werden.
   Obwohl dieser Prozess sehr schwierig ist, ist er doch die Voraussetzung dafür, dass auch ihre nicht behinderten Kinder die Behinderung akzeptieren können.
   Als Eltern haben Sie eine Vorbildfunktion. Sie leben Ihren Kindern vor, wie man solche Schwierigkeiten meistert. Aber verstecken Sie sich nicht, wenn Sie mit „Ihrem Latein am Ende“ sind, sondern zeigen Sie auch dabei Ihren Kindern, wie Sie damit umgehen. Dann werden Sie ein glaubwürdiges Vorbild sein.

6. Besorgen Sie sich Bücher, die die Behinderung Ihres Kindes oder die spezielle „Geschwisterproblematik“ zum Thema haben.
   Einige davon finden Sie in den Literaturtipps am Ende dieses Buches. Damit geben Sie Ihren Kindern weitere Möglichkeiten an die Hand, sich zu informieren und selbst Strategien zu entwickeln, wie sie mit der Behinderung ihrer Geschwister umgehen können.
   Mit dem Kauf dieses Buches haben Sie bereits einen wichtigen Schritt getan.

7. Verbringen Sie ganz gezielt Zeit mit dem nicht behinderten Kind.
   Im Alltag bleibt neben Kindern mit hohem Pflegebedarf und bei Kindern, die erhöhte Aufmerksamkeit brauchen (z. B. bei hyperaktiven Kindern), weniger Zeit für die Geschwisterkinder übrig. Das ist eine Tatsache, die auch die nicht behinderten Kinder akzeptieren können.
   Aber es sollte nicht so weit kommen, dass den Geschwisterkindern kaum mehr Zeit gewidmet wird.
   Dem können Sie vorbeugen, indem Sie regelmäßige, gemeinsame Zeiten einplanen, die Sie eventuell sogar ausschließlich mit Ihren nicht behinderten Kindern verbringen. Das muss nichts Besonderes sein. Ein Einkaufsbummel oder ein Besuch im Freibad genügen. Hauptsache, die nicht behinderten Kinder haben ab und zu uneingeschränkten Kontakt zu ihren Eltern – das ist für das Selbstwertgefühl der Kinder von großer Bedeutung

8. Unterstützen Sie den Kontakt Ihrer nicht behinderten Kinder zu ihren Freunden.
   Häufig klagen Geschwisterkinder darüber, dass ihnen zu wenig Zeit für Gleichaltrige außerhalb der Familie bleibt, weil sie beispielsweise ihre behinderten Geschwister beaufsichtigen müssen.
   Räumen Sie Ihrem Kind genügend freie Zeit ein, die es mit Freunden verbringen und selbst gestalten kann. Indem Sie Ihr Haus für andere Kinder öffnen, erleichtern Sie Ihren Geschwisterkindern den Kontakt zu Gleichaltrigen. Zudem gewähren Sie anderen Kindern Einblick in eine Familie mit einem behinderten Kind. Auch wenn Ihnen das als nicht so wichtig erscheinen mag, sind das für „fremde Kinder" außergewöhnliche Erfahrungen.

9. Loben Sie Ihre nicht behinderten Kinder, vor allem wenn sie Verantwortung für ihre Geschwister übernehmen.
   Je nach Familiensituation und Art der Behinderung kann es sein, dass den nicht behinderten Geschwisterkindern ein hohes Maß an Rücksichtnahme abverlangt wird. Indem Sie diese Bereitschaft loben, zeigen Sie, wie wichtig dies für die Familie ist.

10. Hören Sie auf Ihre nicht behinderten Kinder.
    Sie haben eine eigene Beziehung zu ihren behinderten Geschwistern und damit auch eigene Vorstellungen darüber, wie man miteinander umgehen soll. Respektieren Sie diese eigene Sichtweise, fragen Sie danach und geben Sie ihnen das Gefühl, dass ihre Vorschläge ernst genommen werden. Seien Sie aufmerksam gegenüber unausgesprochenen Stimmungen zwischen Ihren Kindern.

11. Beteiligen Sie Ihre nicht behinderten Kinder an Entscheidungen, die die Familie und die behinderten Kinder betreffen.
    Fragen Sie Ihre Kinder, wenn beispielsweise diskutiert wird, ob das behinderte Kind in ein Internat gehen soll. Geschwisterkinder berichten häufig, dass sie darunter leiden, wenn wichtige Entscheidungen ohne Rücksicht auf ihre Einschätzung und Meinung getroffen werden .

12. Entlasten Sie Ihre nicht behinderten Kinder, indem Sie die Unabhängigkeit und Selbstständigkeit der behinderten Kinder intensiv fördern.
    Je selbstständiger die behinderten Kinder leben, umso weniger sind die Geschwisterkinder in der „Pflicht", künftig die Versorgung zu übernehmen.
    Das vermindert die gegenseitige Abhängigkeit der Geschwister untereinander.

„Es war für mich immer etwas Besonderes und Schönes, einen behinderten Bruder zu haben. Ich versuche, ihm möglichst viel Selbstständigkeit zu vermitteln, damit er später gut zurechtkommt."
Cathi, 21 Jahre

13. Nehmen Sie Kontakt zu Gruppen und Institutionen auf, die sich mit dem Thema „Geschwister behinderter Kinder“ befassen.
So erhalten Sie auch Informationen über spezielle Veranstaltungen, die für Sie als Eltern oder für Ihre nicht behinderten Kinder geeignet sind.

14. Begleiten Sie auch Ihre nicht behinderten Kinder besonders bei „lebensverändernden Ereignissen“.
Die moderne Stressforschung zeigt uns, dass es die Veränderungen in unserem Leben an sich sind, die bei uns Stressreaktionen auslösen. Dabei spielt es weniger eine Rolle, ob die Ereignisse angenehm oder unangenehm sind. Lebensverändernde Ereignisse sind zum Beispiel Einschulung, Pubertät, Schulwechsel, Familienzuwachs oder die schwere Krankheit eines Familienmitgliedes.

15. Nehmen Sie Beratung und Therapie in Anspruch, wenn Sie glauben, dass eine solche Hilfe nötig ist.
Es gibt Psychologen, Sozialpädagogen, Erzieher und Pädagogen, die auch Erfahrung mit Geschwistern behinderter Kinder haben.
Viele Menschen mit behinderten Geschwistern berichten, dass sie zu einer psychologischen Beratung gehen oder eine Therapie machen, weil sie in der Vergangenheit sehr unter der Benachteiligung durch die Behinderung gelitten haben.
Nutzen Sie auch Elternseminare, die diese „Geschwistersituation“ zum Thema haben. Einige Adressen finden Sie am Ende dieses Buches.

16. Unterstützen Sie Ihre nicht behinderten Kinder, wenn sie versuchen, im Alltag, zum Beispiel beim gemeinsamen Spiel, mit der Behinderung zurechtzukommen.
Überlegen Sie mit Ihren Kindern, welche Spiele mit der Behinderung möglich sind. Helfen Sie dabei, wenn die Kinder Spiele umgestalten wollen oder müssen, damit sie gemeinsam spielen können.
Beteiligen Sie sich auch immer wieder an den gemeinsamen Freizeitaktivitäten Ihrer Kinder, wenn die Kinder dies möchten.

17. Pflegen Sie „Normalität“ im Familienalltag.
Ihre Kinder, behindert oder nicht, sollten Hobbys nachgehen können, Freunde einladen, fernsehen oder sich auch mal langweilen, wie Kinder in anderen Familien auch.

18. Begegnen Sie Ihren Geschwisterkindern mit Verständnis, wenn diese mal nicht so „brav“ und verantwortungsvoll sind, wie Sie das gerne möchten.
Geschwister behinderter Kinder neigen dazu, sehr zuverlässig und gewissenhaft zu sein. Dabei geraten sie manchmal in „Erwachsenenrollen“, denen sie aufgrund ihres Alters nicht gewachsen sind. Geschwisterkinder haben, wie alle anderen Kinder auch, ihre Launen, sind zornig und bisweilen unberechenbar.

19. Schützen Sie die nicht behinderten Kinder, wenn es nötig sein sollte.
Setzen Sie den behinderten Kindern Grenzen, wenn diese ihre Geschwister kneifen, kratzen, beißen oder deren Eigentum beschädigen.

20. Loben und erkennen Sie Erfolge Ihrer nicht behinderten Kinder an.
Für die Geschwisterkinder ist es sehr wichtig, dass ihre Eltern bemerken, wenn ihnen auch etwas toll gelungen ist oder wenn sie sich für etwas Besonderes Mühe gegeben haben. Es ist sehr demotivierend, wenn jeder Therapieerfolg und jeder Entwicklungsschritt des behinderten Kindes große Freude auslöst und die Leistungen der nicht behinderten Kinder nicht gesehen werden. Das empfinden die Geschwisterkinder als sehr ungerecht.
Belohnen Sie vor allem auch das Engagement und die Fürsorge, die die Kinder für ihre behinderten Geschwister entgegenbringen mit Ihrer Anerkennung.

„Versteck dich nicht, wenn du behinderte Geschwister hast. Steh´ dazu!“
Dominik, 15 Jahre

Hilfen

Elternseminare

Eltern sind in der Regel durch die Pflege und Betreuung ihres behinderten Kindes im Übermaß gefordert. In dieser Situation ist es natürlich problematisch, die zusätzliche Energie für ein Seminar aufzubringen. Aber die Mühe lohnt sich. Es ist für die ganze Familie von großem Vorteil, sich einmal genügend Zeit zu nehmen, um über die Geschwisterkinder und deren Belastung nachzudenken. Die nicht behinderten Kinder erleben diese Angebote als etwas, das speziell für sie organisiert wird. Das zeigt in der Regel große Wirkung, und viele Geschwisterkinder nutzen intensiv das offenkundige Interesse ihrer Eltern für Fragen und Gespräche. Adressen für Anbieter solcher Seminare finden Sie am Ende des Buches.

Angebote für Geschwisterkinder

Mittlerweile gibt es in einigen Städten und Regionen Angebote für Geschwisterkinder. Das können Seminare sein, Wochenendveranstaltungen regelmäßige Gruppenstunden oder Freizeiten, in denen das Thema „Geschwister eines behinderten Kindes sein" auf verschiedene Weise mit den Kindern besprochen wird.

In diesen Freizeiten können sie unbeschwert spielen, ohne auf ihre Geschwister Rücksicht nehmen zu müssen. In der Gemeinschaft mit anderen Geschwisterkindern er-fahren sie, dass sie nicht die einzigen sind, die behinderte Geschwister haben. In der Klasse oder im Freundeskreis sind sie oftmals mit ihren Problemen auf sich gestellt. Das macht sie zu „Exoten". Während einer solchen Freizeit ist dieser Tatbestand dagegen Normalität. Das genießen Geschwisterkinder ganz besonders.

„In der Geschwisterwoche reden wir viel über unsere Geschwister – das macht uns stark!" Caroline, 14 Jahre, und Lisa, 13 Jahre

Kinder, die an Seminaren für Geschwisterkinder teilnehmen, berichten fast alle begeistert davon, endlich über ihre Situation sprechen zu können. Viele von ihnen hatten bis zu diesen Seminaren dazu nur wenig Gelegenheit.
Im Alltag, beispielsweise in der Schule, im Sportverein oder in ihrer Clique, sind sie häufig die Einzigen mit einem behinderten Geschwister. Bestenfalls werden sie in Ruhe gelassen, nicht gehänselt oder ausgegrenzt. Interesse oder sogar Unterstützung und Akzeptanz erleben sie meistens jedoch nicht. Um so wichtiger sind Veranstaltungen, die speziell für die Geschwisterkinder konzipiert werden. In diesem Kreis brauchen sie sich nicht zu verstecken.

Besonders wichtig für die Geschwisterkinder in den Seminaren sind
- die Gespräche über ihre Situation,
- das Wissen um das Verständnis der anderen,
- das Erleben, nicht alleine zu sein.

Jedes Kind dieser Gesprächsrunde hat ein behindertes Geschwister zu Hause. Für viele Kinder ist das zunächst unfassbar, nachdem sie sich lange Zeit als Geschwister eines behinderten Kindes allein fühlten. Diese Erkenntnis schafft eine besondere Vertrautheit und Verbindung untereinander.

Tipps für Eltern

Suchen Sie nach Möglichkeiten, Ihre nicht behinderten Kinder in eine Gruppe mit anderen Geschwisterkindern zu vermitteln. Hilfreiche Adressen von Veranstaltern solcher Angebote finden Sie am Ende des Buches.

Tipps für Geschwisterkinder

Du bist nicht das einzige Kind mit einer behinderten Schwester oder einem behinderten Bruder. Es gibt tausende Geschwisterkinder wie dich. Wie du aus eigener Erfahrung weißt, tragen die meisten das aber nicht vor sich her, sondern überlegen genau, wem sie das mitteilen und wem nicht. Deshalb findet ihr auch etwas schwieriger zueinander. Das bedeutet also, dass du dich aktiv auf die Suche machen musst, um andere Geschwisterkinder kennen zu lernen. Du kannst beispielsweise mit der Lehrkraft einer Sonderschule sprechen. Sie könnte ein Treffen von Kindern mit behinderten Geschwistern in der Schule organisieren. Oder bitte deine Eltern, das für dich zu tun.
Im Internet gibt es mittlerweile auch gute Möglichkeiten, Kontakt zu anderen Geschwistern herzustellen. Adressen sind am Ende dieses Buches aufgelistet.
Auf diesen Internetseiten gibt es häufig so genannte „Foren", in die man Beiträge schreiben kann. Darin kannst du auch eintragen, dass du Brieffreunde suchst. Sei aber vorsichtig, wem du deine Adresse gibst! Am besten zeigst du deinen Eltern den elektronischen Briefwechsel, damit sich niemand einmischen kann, der dir schaden möchte.

Familienentlastende Dienste

Familienentlastende Dienste (FED) unterstützen Familien mit behinderten bzw. pflegebedürftigen Kindern bei der täglichen Betreuung und Pflege. Diese Dienste schicken geschulte, meist ehrenamtliche Mitarbeiter in die Familien, die dann, nach individuellem Bedarf, die Eltern entlasten. Aufgabe derartiger Entlastungsangebote ist es, die Gesundheit, Betreuungs- und Pflegebereitschaft der betreuenden Familienmitglieder zu erhalten und ihnen die Teilnahme am gesellschaftlichen und kulturellen Leben zu ermöglichen. Voraussetzung ist, dass die zu pflegende Person bzw. der/die Behinderte der ständigen Anwesenheit einer Pflegeperson bedarf.
Im Rahmen der Eingliederungshilfe ermöglichen familienentlastende Dienste den behinderten Familienmitgliedern, den Besuch von Veranstaltungen und Einrichtungen, die der Geselligkeit, der Unterhaltung, kulturellen oder sportlichen Zwecken dienen.

Häufig bieten diese familienentlastenden Dienste auch sozialpädagogische Beratung und Begleitung der Familie sowie die Vermittlung von Hilfen an. Ihr Ziel ist es, einer körperlichen und psychischen Überlastung vorzubeugen, die Erhaltung und Erweiterung der Selbstständigkeit der Familie für eine bessere soziale Integration zu sichern und die ambulante Versorgung zu gewährleisten.

Tipps für Eltern

Die Träger von familienentlastenden Diensten sind zumeist Wohlfahrts- und Behindertenverbände. Informationen über familienentlastende Dienste und über Einrichtungen in Ihrer Nähe finden Sie im Internet unter folgender Adresse:
www.intakt.info
Wenn Sie wissen wollen, wer einen familienentlastenden Dienst in Ihrer Nähe anbietet, fragen Sie auch bei Caritas, Diakonie und bei den regionalen und überregionalen Behindertenverbänden nach.
In Deutschland gibt es die Einrichtung des „Allgemeinen Sozialdienstes (ASD)", den Sie über Ihre Gemeindeverwaltung erreichen. Diese Organisation hilft bei der Vermittlung von familienentlastenden Diensten. Der ASD, der mancherorts auch anders bezeichnet werden kann, ist üblicherweise dem Jugend- oder Sozialamt zugeordnet.

Bücher zum Weiterlesen

Bücher zum Thema „Geschwister behinderter Kinder"

- Waltraud Hackenberg: Die psychosoziale Situation von Geschwistern behinderter Kinder. Edition Schindele, 2. Aufl., 1987.
  ISBN 3-89149-023-2, 14,00 Euro

- Waltraud Hackenberg: Geschwister behinderter Kinder im Jugendalter – Probleme und Verarbeitungsformen. Wissenschaftsverlag Spiess, 1992.
  ISBN 3-89166-142-8, 20,50 Euro

- Heike Neumann: Verkürzte Kindheit. Vom Leben der Geschwister behinderter Menschen. Königsfurt Verlag, 2001.
  ISBN 3-933939-32-1, 14,90 Euro

- Ilse Achilles/Karin Schliehe: Meine Schwester ist behindert. Bundesvereinigung Lebenshilfe für Menschen mit geistiger Behinderung. 3. Aufl., 1993.
  ISBN 3-88617-032-2, 2,00 Euro

- Norah Haberthür: Kinder im Schatten – Geschwister behinderter Kinder. Zytglogge-Verlag, 2005.
  ISBN 3-7296-0691-3, 24,00 Euro

- Janet Tashjian: Tage mit Eddie oder was heißt schon normal? dtv, 2003.
  ISBN 3-423-70756-9 , 6,50 Euro

- Irmtraud Tarr: Mit beiden Beinen fest im Himmel. Liebeserklärung an meinen behinderten Bruder. Herder Verlag, 2003.
  ISBN 3-451-28109-0, 19,90 Euro

- Ines Wejgaard: Deine Welt, meine Welt. Manchmal wünschte ich, Lotti wäre wie wir. Eine Lebensgeschichte. Edition Hans Erpf, 1999.
  ISBN 3-905520-57-5, 12,90 Euro

- Laurie Lears/Karen Ritz: Unterwegs mit Jan – Leben mit einem autistischen Bruder. KiK Verlag, 2000.
  ISBN 3-906581-37-3, 12,90 Euro

- Astrid Lindgren: Die Brüder Löwenherz. Oetinger Verlag, 1995.
  ISBN 3-7891-2941-0, 12,90 Euro

- Adele Sansone: Florian lässt sich Zeit. Eine Geschichte zum Down-Syndrom. Tyrolia Verlag, 2002.
  ISBN 3-7022-2435-1, 14,90 Euro

- Renate Welsh: Drachenflügel. dtv Junior.
  ISBN 3-423-70265-6, 6,00 Euro

- Gerd Brederlow: Bobby, Herr Bredi und Mister Herr Bendel. Die Geschichte meines Bruders. Piper-Verlag, 2002.
  ISBN 3-492-04475-1, 17,90 Euro

- Stefan Gemmel: Rolfs Geheimnis. Und wir dachten alle immer, der spinnt nur. Edition Zweihorn, 2004.
  ISBN: 3-935265-13-1, 5,00 Euro

- Paula Fox: Paul ohne Jacob. Carlsen Verlag, 2005.
  ISBN 3-551-37284-5, 5,90 Euro

- Staatsinstitut für Familienforschung: Geschwister behinderter Kinder. Bamberg, 2005
  Im Auftrag des Bayerischen Staatsministeriums wurde ein Informationspaket zusammengestellt, das 5 Faltblätter enthält:
  - Der Elternbrief
  - Die Bildergeschichte
  - Der Briefwechsel
  - Der Check-up
  - Das Infoblatt

  Die Informationsmappe und das Faltblatt „Geschwister behinderter Kinder" sind kostenlos erhältlich bei:
  Staatsinstitut für Familienforschung an der Universität Bamberg (ifb)
  Heinrichsdamm 4
  96047 Bamberg
  Tel: 0951/96525-21
  sekretariat@ifb.uni-bamberg.de
  www.ifb-bamberg.de/forschung/fin/2005_geschwister.htm

Bücher zum Thema „Trauer"

- Gabriele Knöll: Du bist tot – ich lebe. Trauernde Geschwister. BoD GmbH, 2003.
  ISBN 3-8311-4803-1, 9,80 Euro

- Martin Herbert: Tod und Trauer. Trainings für Eltern, Kinder und Jugendliche, Bd.10. Huber, 1999.
  ISBN 3-456-83217-6, 7,95 Euro

- Wolfgang Holzschuh: Geschwistertrauer. Pustet Verlag, 2000.
  ISBN 3-7917-1728-6, 14,90 Euro

Bücher zum Thema „Geschwister"

- Francine Klagsbrun: Der Geschwisterkomplex. Ein Leben lang Liebe, Haß, Rivalität und Versöhnung. Eichborn Verlag, 1993
  ISBN 3-8218-1154-4

- Hartmut Kasten: Geschwister. Reinhardt Verlag, 2003
  ISBN 3-497-01656-X, 17,90 Euro

Filme zum Thema „Geschwister behinderter Kinder"

- „Rainman"
  von Barry Levinson, USA, 1988, 128 Min.

- „Mein Bruder, der Idiot"
  von Kai Wessel, ZDF, D, 2000

- „Wie kann man nur so einen Bruder haben?"
  aus der Reihe „Gott und die Welt",
  von Angelika Schmidt-Biesalski, ARD, 1993, 29 Min.

- „Die vergessenen Geschwister. Wenn ein Kind an Krebs erkrankt"
  von Claudia Gehrl, mdr, D, 2001

- „Mein Bruder der Vampir"
  von Sven Taddicken, D, 2001, 89 Min.

- Im Verleih der „ABM (Arbeitsgemeinschaft Behinderung und Medien)":
  - „Geschwisterkinder"
    von Bernd Thomas, 2003, 29 Min.
  - „Helen und Philip"
    von Anna-Lydia Florin, 1999, 14 Min.

  Bestellung:
  ABM - Arbeitsgemeinschaft Behinderung und Medien e.V.
  Bonner Platz 1
  80803 München
  Telefon: +49 89 3079920
  E-Mail: info@abm-medien.de
  Internet: www.abm-medien.de

Hilfreiche Adressen

Beratungsstellen und Träger von Veranstaltungen zum Thema „Geschwisterkinder“

Deutschland

- VdK Bayern
  Abt. „Familie und Jugend“
  Eberhard Grünzinger
  Schellingstraße 31
  80799 München
  E-Mail: e.gruenzinger@vdk.de
  www.vdk-bayern.de

- Langau e. V.
  Bildungs- und Erholungsstätte
  Referentin für Geschwisterarbeit, Patricia Süß
  86989 Steingaden
  Tel: (0 88 62) 9 10 20
  E-Mail: geki@langau.de
  www.langau.de

- Lebenshilfe Bremen e.V.
  Beratungsstelle Geschwisterkinder der Lebenshilfe Bremen
  Marlies Winkelheide
  Waller Heerstraße 55
  28217 Bremen
  Tel.: (04 21) 3 87 77 - 0
  E-Mail: geschwisterkinder@lebenshilfe-bremen.de
  www.lebenshilfe-bremen.de

- Lebenshilfe Berlin
  Eltern- und Familienberatung
  Barbara Freier und Sigrid Sievert
  Wallstraße 15/15A
  10179 Berlin
  Tel.: (0 30) 82 99 98 10 03
  E-Mail: elternberatung@lebenshilfe-berlin.de

- Kinder- und Jugendhilfe, Behindertenhilfe "Einhorn"
  Angebote für Geschwister von Kindern mit Behinderung
  Informationen und Anmeldung:
  Einhorn e. V.
  Jablonskistraße 20
  10405 Berlin
  Tel: (0 30) 40 50 42 50
  E-Mail: geschwister@vereinhorn.de
  Internet: www.vereinhorn.de

- Universitätsklinik Mannheim
  Kinderoase
  Theodor-Kutzer-Ufer 1-3
  68167 Mannheim
  Tel.: (06 21) 3 83 - 0
  E-Mail: info@klinikum-mannheim.de
  www.klinikum-mannheim.de

- KONA – Koordinationsstelle psychosoziale Nachsorge für Familien mit an Krebs erkrankten Kindern
  Belgradstraße 34
  80796 München
  Tel.: (0 89) 30 76 09 56
  E-Mail: info@krebskindernachsorge.de
  www.krebskindernachsorge.de

- Koordinierungs-, Kontakt- und Beratungsstelle
  Geschwisterseminare
  Marktstraße 13
  46045 Oberhausen
  Tel.: (02 08) 9 40 49 70
  E-Mail: info@kokobe-ob.de
  www.kokobe-ob.de

- Zieglersche Anstalten
  Geschwisterseminare
  Stefan Geiger
  Haslachmühle
  88263 Horgenzell
  Tel.: (0 75 04) 9 79 - 0
  E-Mail: haslachmuehle@zieglerscheanstalten.de
  www. zieglerscheanstalten.de

Österreich

- Charlotte Knees
  Köstlergasse 8 / 2
  A-1060 Wien
  Tel.: 0043 (0) 1 – 5 87 19 02
  E-Mail: charlotte.knees@aon.at

Schweiz

- Nora Haberthür
  Frümselweg 11
  CH-8400 Winterthur
  E-Mail: nora.h@bluewin.ch

Angebote im Internet

www.geschwister-behinderter-kinder.de
die Homepage des „Arbeitskreis Geschwisterkinder (AK Geki)", ein Zusammenschluss von Institutionen im süddeutschen Raum mit Angeboten für Geschwisterkinder: Forum, Veranstaltungshinweise, Literatur und weitere Adressen

www.geschwisterseite.de
„Achtung, jetzt komm ich!" Geschwisterseminare mit erlebnispädagogischen Angeboten, speziell für Geschwister krebskranker Kinder

www.geschwisterkinder.de
Homepage von Frau Marlies Winkelheide, die seit 25 Jahren Seminare für Geschwisterkinder anbietet. Seminare, Literatur, Berichte u.v.m.

www.besondere-geschwister.de
Hier finden sich persönliche Erfahrungsberichte von Geschwisterkindern.

www.familienhandbuch.de
Alles Interessante für Familien mit behinderten Kindern: Erziehungshilfen, Freizeitangebote, Spieletipps

www.5p-syndrom.de/content/ib/sib/geschwister.html
Infobrief mit dem Titel „Geschwister von behinderten Kindern – kein Problem aber ein Thema?"

www.Intakt.info
Adressen familienentlastender Dienste (FED) und Beratungsstellen für Familien mit behinderten Kindern sowie viele weitere Infos

www.lebenshilfe.de
Unter der Rubrik „Eltern und Familie" finden sich auch Seiten für die Geschwister behinderter Kinder mit Literatur, Berichten u.v.m.

www.verwaiste-Eltern.de
Eine Seite vor allem für Eltern aber auch für Geschwister verstorbener Kinder mit Texten, Hinweisen auf Seminare, Hilfen und Buchtipps

Literaturnachweis

- Achilles, I.: „… und um mich kümmert sich keiner!“ Die Situation der Geschwister behinderter Kinder. Ernst Reinhardt Verlag, München, Basel, 3. Aufl., 2002.
- Bartelniewöhner, U.: Wenn etwas alltäglich ist, wird es normal. In: „Zusammen“ 12/2002.
- Finger, G.: „Ja, mein Kind ist anders“. 2000.
- Hackenberg, W.: Die psychosoziale Situation von Geschwistern behinderter Kinder. Heidelberg, 2. Aufl., 1987.
- Holmes und Rahe: live-change-Events. 1974.
- Kasten, H.: Die Lebenssituation von Kindern und Jugendlichen mit behinderten Geschwistern. Ifb Materialien 1996, Staatsinstitut für Familienforschung an der Universität Bamberg.
- Ders.: Geschwister. Vorbilder, Rivalen, Vertraute. München, Basel, ^{4}2001.
- Klagsbrun, F.: Der Geschwisterkomplex. Ein Leben lang Liebe, Hass, Rivalität und Versöhnung. Frankfurt am Main, 1993.
- Lebenshilfe: „Info“, Geschwister, 1/2000.
- Seifert, M.: Geschwister in Familien mit geistig behinderten Kindern. Bad Heilbrunn/Obb.,1989.
- Dies.: Zur Situation der Geschwister von geistig behinderten Menschen. Eine Studie aus ökologischer Sicht. In: Zeitschrift für Geistige Behinderung, 2, 1990.
- Statistisches Bundesamt (Hrsg.): Statistisches Jahrbuch 2004 für die Bundesrepublik Deutschland. Wiesbaden.
- Tröster, H.: Die Belastung der Geschwister behinderter Kinder durch Betreuungsaufgaben und Hausarbeit. In: Heilpädagogische Forschung, 26, 80-92.
- Ders.: Die Beziehung zwischen behinderten und nichtbehinderten Geschwistern. In: Zeitschrift für Entwicklungspsychologie und Pädagogische Psychologie, 2001.

Danksagung

Ganz besonders möchte ich mich bei allen Geschwisterkindern und Eltern bedanken, die meine Fragen geduldig beantwortet haben und die mir ihre Fotos für dieses Buch zur Verfügung stellten. Insbesondere danke ich Frau Kristina Stockmann, die mich mit viel Fachliteratur unterstützte.

Mein Dank gilt auch Herrn Thomas Baier und Herrn Tilman Pflock vom CARE-LINE Verlag und Frau Elke Schurr für ihre konzeptionelle Beratung und ihre wunderbare Hilfe.

Bei weiteren Fragen und Anregungen wenden Sie sich bitte an den Verlag oder den Autor.

Verlag:
CARE-LINE Verlag
Fichtenstraße 2
82061 Neuried
Tel.: (0 89) 74 55 51 - 0
verlag@care-line.de
www.care-line-verlag.de

Autor:
Eberhard Grünzinger
Schellingstraße 31
80799 München
(0 89) 2117 - 244
e.gruenzinger@gmx.de
www.geschwister-behinderter-kinder.de
www.supervision-gruenzinger.de

CARE LINE

Gerlinde Heil

Familie in Balance

Ernährung, Bewegung und Entspannung

Familienleben heute – gar nicht so einfach! Das Zusammenleben stellt tagtäglich eine echte Herausforderung dar. Mithilfe dieses Ratgebers gelingt es, ohne großen Aufwand **Balance** ins Familienleben zu bringen. Grundlagenwissen zur **Ernährung** wird mit praktischen Ratschlägen – vom Einkauf, über die Küche bis hin zum Verzehr – verbunden. **Bewegung** in den Familienalltag zu bringen, ist einfacher als man denkt! Ob im Freien oder im Haus, Bewegung ist gesund, sorgt für Ausgleich und macht Spaß – vor allem gemeinsam. Und auch die **Entspannung** darf natürlich nicht fehlen. **Dieses Buch liefert die Ideen dazu.**

104 Seiten, 19 x 21 cm, durchgehend 4-farbig mit zahlreichen Abbildungen

ISBN 3-937252-48-7

EUR 12,90

Gerlinde Heil

Immer schön die Balance halten

Aktionsheft für Kinder zum Lernen, Spielen und Spaß haben

Ernährung, Bewegung und Entspannung sollen ins Gleichgewicht gebracht werden! Mithilfe kniffliger Quizfragen steigen die Kinder in diese drei Themengebiete ein. Und weil Lernen, Spielen und Spaß genauso wichtig sind, kann man sich alles Wissenswerte einfach erspielen. Moderiert wird durch den „Schlaufuchs", der die Kinder durch die Seiten begleitet.

Ein fröhliches, buntes und lehrreiches Kinderheft!

24 Seiten, DIN A4

ISBN 3-937252-63-0

EUR 4,90

Beide Titel im Paket zum günstigen Familienpreis:
ISBN 3-937252-77-0, ***EUR 15,–***

CARE-LINE Verlag GmbH, Fichtenstraße 2, 82061 Neuried
Tel.: 089 / 74 55 51-0, Fax: 089 / 74 55 51-13. E-Mail: verlag@care-line.de, Internet: www.care-line.de